Jonas Nesselhauf / Markus Schleich (Hrsg.)

Gegenwart in Serie

Abgründige Milieus im aktuellen Qualitätsfernsehen

Relationen – Essays zur Gegenwart 2
hrsg. von David Jünger, Jessica Nitsche und Sebastian Voigt

Jonas Nesselhauf / Markus Schleich
(Hrsg.)

Gegenwart in Serie

Abgründige Milieus im aktuellen Qualitätsfernsehen

Neofelis Verlag

Bibliografische Information der Deutschen Nationalbibliothek
Die Deutsche Nationalbibliothek verzeichnet diese Publikation in der Deutschen Nationalbibliografie; detaillierte bibliografische Daten sind im Internet über http://dnb.d-nb.de abrufbar.

Umschlaggestaltung: Marija Skara
Druck: PRESSEL Digitaler Produktionsdruck, Remshalden
Gedruckt auf FSC-zertifiziertem Papier.
ISBN (Print): 978-3-95808-020-1
ISBN (Epub): 978-3-95808-053-9

Inhalt

Vorwort

Nachdem das Fernsehen in den 1950er Jahren den Alltag erobert hatte und ihn in den folgenden Jahrzehnten zunehmend bestimmte, wuchtige TV-Apparate, sogenannte ‚Röhrenfriedhöfe', die Wohnzimmer verschönerten und TV-Produktionen zur Massenware wurden, schien das Fernsehen als visionärer Ort, als künstlerische Spielwiese oder gar revolutionäres Medium zunächst für immer verloren zu sein. Um die Jahrtausendwende war jedoch ein erstaunliches Comeback zu verzeichnen: Das Comeback des sogenannten Qualitätsfernsehens. Eine neue Generation von TV-Serien eroberte die Herzen der Zuschauer_innen und ließ damit auch eine neue Ära des Fernsehens anbrechen. Ausgangspunkt war ausgerechnet jenes Land, das für die Trivialisierung des Fernsehens, ja für die Trivialisierung der Kultur zur Massenkultur überhaupt in regelmäßiger Selbstverständlichkeit verantwortlich gemacht wird: Die Vereinigten Staaten von Amerika.
TV-Serien als Genre sind nicht per se etwas Besonderes, sondern die Themen, die nun verhandelt wurden. Ein neues Sub-Genre wurde geschaffen. In Serien wie *The West Wing* (1999–2006), *The Wire* (2002–2008) oder *Breaking Bad* (2008–2013) wurden scheinbar abgründige Milieus zu den Hauptschauplätzen. Keine Held_innen und Antiheld_innen sowie deren charakterliche Entwicklungen hielten die Geschichten zusammen, sondern die beinahe schon chirurgisch anmutende Sezierung des gesellschaftlichen Alltags von Städten, Szenen und Milieus. Waren die *Buddenbrooks* der Gesellschaftsroman des deutschen Bürgertums an der Wende zum 20. Jahrhundert, wurden *The Sopranos*, *The Wire* und viele folgende Serien zum US-amerikanischen Pendant im 21. Jahrhundert erklärt. Beispielhaft heißt

es in einem Artikel der *Frankfurter Allgemeinen Zeitung* explizit, dass *The Wire* ein „Balzac für unsere Zeit" sei.[1] Beiden gelinge eine realistische, panoramaartige Darstellung der jeweiligen zeitgenössischen Verhältnisse.

Noch in den 1990er Jahren galt Fernsehen in intellektuellen Kreisen als anrüchig. TV-Konsum wurde generell mit dem sinnfälligen, gleichwohl beliebten Begriff der ‚Verblödung' tituliert. Somit wurde dem Fernsehen nur noch als Arthouse-Kino-Zweitverwertung oder als Arte-Dokumentation eine intellektuelle Daseinsberechtigung zugebilligt. Heutzutage haben eher diejenigen ein Problem, die nicht mitreden können, wenn über McNulty, Kima oder Avon Barksdale (*The Wire*), über Walter White, Jesse Pinkman oder Saul Goodman (*Breaking Bad*) gesprochen wird: sei es in der Mittagspause, beim Konferenz-Networking oder beim Feierabendbier.

Aber worüber sprechen die Serien eigentlich? Was zeigt die serielle Darstellung der Gegenwart, ihr Blick in abgründige Milieus? Markus Schleich, Jonas Nesselhauf, Stephanie Blum, Julien Bobineau, Johannes Franzen, Sönke Hahn und Solange Landau gehen diesen und weiteren Fragen auf den Grund, indem sie über jene Themen nachdenken, die in den Serien verhandelt werden: über Macht und Gier, über Familienkonstellationen, über Gefängnis und Kriegstraumata etc. Sie untersuchen die gesellschaftspolitischen Dimensionen der Serien und fragen nicht vornehmlich nach Dramaturgie und Figurenkonstellationen, sondern nach dem Potential gesellschaftskritischen Denkens, das jene Serien implizit eröffnen können bzw. explizit eröffnen wollen.

Damit fügt sich der Band in das Konzept ein, das der Reihe *Relationen. Essays zur Gegenwart* zugrunde liegt. In der Reihe erscheinen Essays, die sich mit ganz unterschiedlichen Themen aus dem politischen, künstlerischen und kulturellen

1 Richard Kämmerlings: „The Wire". Ein Balzac für unsere Zeit. In: *Frankfurter Allgemeine Zeitung*, 14.05.2010. http://www.faz.net/aktuell/feuilleton/buecher/the-wire-ein-balzac-fuer-unsere-zeit-1581949.html (Zugriff am 29.04.2015).

Spektrum beschäftigen sowie politische Auseinandersetzungen und Praktiken der Gegenwart in den Blick nehmen. Das verbindende Element der Reihe ist bei aller thematischen Breite immer der politische Gegenwartsbezug. Ende 2014 ist mit Miriam N. Reinhards Essay *Von der Schwelle. Diana. Ihr eigener Tod in der Ordnung der Anderen* ihr erster Band erschienen. Mit der vorliegenden Sammlung kurzer Essays, die von Markus Schleich und Jonas Nesselhauf zusammengestellt wurde, geht die Reihe nun in die zweite Runde. Die beiden Folgebände werden sich mit der Gegenwart des Judentums in der Diaspora (Micha Brumlik) und mit dem aktuell viel und kontrovers diskutierten Thema der Sterbebegleitung und Sterbehilfe (Daniel S. Ribeiro) beschäftigen.

David Jünger, Jessica Nitsche und Sebastian Voigt
Berlin / Paderborn / München, Mai 2015

Race, Milieu, Moment, Sérialité

Serielles Erzählen als Spiegel der Gesellschaft

Jonas Nesselhauf / Markus Schleich

Der Serienforscher Jonathan Mittell stellt in seinem Aufsatz „Narrative Complexity in Contemporary American Television" die These auf, dass das Fernsehen der letzten 20 Jahre als eine Ära in Erinnerung bleiben wird, in der narrative Spielfreude und Innovation das volle Potential des Mediums Fernsehen erst zum Vorschein brachten.[1] Diese These scheint nachvollziehbar, angesichts einer wahren Flut moderner Serien, die dem sogenannten ‚Quality-TV' zuzuordnen sind – Produktionen, die sich entweder der zeitgenössischen Gesellschaft in ihrer Gänze annehmen, diese kaleidoskopartig durchleuchten und minutiös analysieren, oder die den Blick auf ein vergangenes Jahrzehnt richten, durch eine solche temporäre Verlagerung aber wiederum eine ‚entzeitlichte' Aussagekraft haben.

Ist es nun also ausgerechnet das Medium Fernsehen, das den Finger in gesellschaftliche Wunden legt? Sind die generationenprägenden Geschichten à la Jack Kerouac, J.D. Salinger oder Chuck Palahniuk nun auf der Mattscheibe zu finden?

Die Angst, Fernsehserien würden der Literatur ‚den Rang ablaufen', ihr die Position intellektueller Gesellschaftskritik streitig machen,[2] ist sicherlich ebenso übertrieben wie die gegenläufige

1 Vgl. Jonathan Mittell: Narrative Complexity in Contemporary American Television. In: *The Velvet Light Trap* 58 (2006), S. 29–40.

2 Richard Kämmerlings: „The Wire". Ein Balzac für unsere Zeit. In: *Frankfurter*

Position, TV-Produktionen wären lediglich seichte Unterhaltung und eine ohnehin kurzfristige Modeerscheinung.[3] Vielmehr hat sich das Fernsehen inzwischen zur „narrativen Spielwiese des 21. Jahrhunderts"[4] entwickelt und erreicht in einer durchstrukturierten Zeit dank seinem rituellen und seriell gegliederten Format eine deutlich größere Zielgruppe als etwa der Buchmarkt. 30, 60 oder 90 Minuten pro Folge erinnern da sehr an die von Edgar Allan Poe proklamierte Länge einer Short Story – die eben *in a single sitting* zu rezipieren sein müsse.

Dass dies aber keineswegs pauschal eine schlechte Entwicklung ist, zeigt sich bei einem Blick auf das Themenspektrum hochwertiger Serien, die gemeinhin dem ominösen ‚Quality-TV' zugerechnet werden. Was dieses besondere ‚Qualitätsfernsehen' genau sei, ist in der Forschung noch sehr schwammig formuliert und ohnehin wissenschaftlich seriös nur sehr schwer zu messen und bewerten.[5] Auffallend aber ist dennoch, wie sich aktuelle TV-Produktionen unangenehmen Problemen der Zeit (von der Drogenkriminalität über soziale Konflikte bis hin zu Korruption oder Naturkatastrophen) und dem gesamten gesellschaftlichen Spektrum (vom Serienmörder zum Mafia-Boss, vom Politiker zum Lehrer, von der Prostituierten zum Webetexter) annehmen. Interessant ist aber auch, dass diese Geschichten oft innovativ und experimentell erzählt werden.

Allgemeine Zeitung, 14.05.2010. http://www.faz.net/aktuell/feuilleton/buecher/the-wire-ein-balzac-fuer-unsere-zeit-1581949.html (Zugriff am 17.04.2015).

3 Alvin B. Kernan: *The Death of Literature*. New Haven / Connecticut: Yale UP 1992, S. 150.

4 Vgl. Jonas Nesselhauf / Markus Schleich: „Watching Too Much Television" – 21 Überlegungen zum Quality-TV im 21. Jahrhundert. In: Dies. (Hrsg.): *Quality-TV. Die narrative Spielwiese des 21. Jahrhunderts?!* Münster / Berlin: Lit 2014, S. 9–24.

5 Robert J. Thompson stellte in seiner Untersuchung *Television's Second Golden Age* (1996) zwar einen Merkmalkatalog auf, wohl aber anhand von Produktionen wie *Hill Street Blues* oder *St. Elsewhere* – drei Jahre vor den *Sopranos* und sogar sechs Jahre vor *The Wire*.

Das wichtigste formale Instrument der Serie ist dabei die Zeit. Einerseits ein *Spiel*, die Episode punktgenau zu füllen und den Rezipienten möglichst mit einem Cliffhanger am Ende zurückzulassen, ihn durch geschickte Andeutungen, Recaps oder das paratextuelle ‚Previously On…'-Segment aber auch immer wieder an vergangene Ereignisse im seriellen Universum zu erinnern. Die Zeit ist genauso – narratologisch betrachtet – eine *Ressource*, die es dem Fernsehen überhaupt ermöglicht, die komplexen Fragen der Gegenwart mit ebenso komplexen Antworten zu bedienen – *The Wire* etwa kommt in fünf Staffeln auf mehr als 60 Stunden Laufzeit.
Nur diese epische Spanne ermöglicht es im Umkehrschluss erst wieder, sich einem so breiten gesellschaftlichen Panorama überhaupt zu widmen, wie dies exemplarisch auch in *Boardwalk Empire* oder *Mad Men*, *The Sopranos* oder *Treme* passiert. Und nicht zufällig wird das Quality-TV dadurch wieder in die Nähe der Literatur gerückt, die in den ‚großen Romanen' des literarischen Realismus und durch Honoré de Balzac, Leo Tolstoi, Charles Dickens oder Theodor Fontane (und heute vielleicht Jonathan Franzen oder Karl Ove Knausgård) regelmäßig den Puls der aktuellen Gesellschaft kritisch, pointiert und vor allem überblickend gemessen hat – und dies durchaus auch mit dem idealistischen Ziel, der Gesellschaft einen Spiegel vorzuhalten, um sie schlussendlich zu verändern. David Simon, der Schöpfer von *The Wire*, bekannte sich in einem Interview mit dem *Vice Magazine* ganz klar zu dem Anspruch, das Publikum zum Nachdenken anregen zu wollen:

> I'll tell you what, this would be enough for me: The next time the drug czar or Ashcroft or any of these guys stands up and declares, „With a little fine-tuning, with a few more prison cells, and a few more lawyers, a few more cops, a little better armament, and another omnibus crime bill that adds 15 more death-penalty statutes, we can win the war on drugs" – if a slightly larger percentage of the American population looks at him and goes, „You are so full of shit" … that would be gratifying.[6]

6 Jesse Pearson: David Simon: An Interview. http://www.vice.com/read/david-simon-280-v16n12 (Zugriff am 24.09.2014).

Sicherlich lässt sich nicht jeder Serie der vergangenen Jahre eine solches Potential nachweisen, was dann doch wieder zu einem erlauchten Kanon ausgewählter Produktionen – und man mag es auch gerne weiter ‚Quality-TV' nennen – führt, aber schließlich gilt das auch für die Literatur.
Festzustellen bleibt, dass sich die (vorwiegend amerikanische) Fernsehlandschaft stark verändert hat: Entstanden ist eine regelrechte Kultur-*Industrie*[7] der großen Sender, welche durch die beiden gerade ausgeführten (und sich gewissermaßen auch bedingenden) Pole von narrativer Innovation und sozialgeschichtlicher Obduktion, ergänzt um den mit der Serialität einhergehenden epischen Umfang, nicht nur finanzielle Gewinne verzeichnen können, sondern vor allem Prestige erlangen. „It's not TV – it's HBO", so der Slogan des vielleicht führenden Programms. Und längst zieht das kulturelle Kapital der Sender regelmäßig Schauspieler und Regisseure aus Hollywood an, die neue Herausforderungen nun gerade nicht im Blockbuster, sondern auf der Mattscheibe suchen – exemplarisch zu sehen an der gefeierten Serie *House of Cards*, die vor der Kamera Kevin Spacey und Robin Wright und dahinter prämierte Regisseure wie David Fincher, James Foley, Jodie Foster oder Joel Schumacher vereinen kann.
Und so lassen sich die großen Kabelsender wie Showtime (etwa *Dexter*, *Californication* oder *Homeland*), AMC (mit *Breaking Bad*, *Mad Men* oder *The Walking Dead*), FX (u. a. *The Shield*, *Damages* und *The Americans*) und eben HBO (etwa *The Wire*, *Oz*, *The Sopranos*, *Six Feet Under*, *Game of Thrones*, *True Blood* oder *True Detective*) ihre Produktionen auch etwas kosten: Die HBO-Serie *Boardwalk Empire* verschlingt pro Folge (jeweils 60 Minuten) im Schnitt gut fünf Millionen US-Dollar, wobei der von Martin Scorsese persönlich gedrehte Pilot sogar mehr als das Dreifache kostete. Wirft man einen Blick auf die Einschaltquoten – diese vier hauptsächlichen Programme sind

7 Unserem Verständnis nach durchaus nicht mehr so negativ besetzt wie bei Theodor W. Adorno und Max Horkheimer.

jeweils Abo-Sender – mag dies überraschen, da jeder *Tatort* bei einem deutlich kleineren Fernsehmarkt ein Vielfaches an Zuschauern anlockt. Doch geht es hier durchaus auch um das Prestige, den Namen des Senders, der auf den weltweit (sehr viel erfolgreicher) vertriebenen DVD-Hüllen erscheint, vor allem aber einmal im Jahr dann bei der Verleihung des amerikanischen Fernsehpreises genannt wird. Der Stellenwert dieser Auszeichnung zeigte sich in den vergangenen Jahren am (erneut weltweiten) medialen Echo, so dass der Oscar, scheinbar, dem Emmy nur noch die Lage im Kalenderjahr voraus hat.

Und noch eine Entwicklung zeichnet sich ab: Fernsehserien verlieren zunehmend ihre Anbindung an das Fernsehen. Online-Videotheken ermöglichen die Rezeption unabhängig von Gerät und Uhrzeit und – das zeigte sich bei der Preisentwicklung nach der Einführung von Netflix in Deutschland im Herbst 2014 – kosten inzwischen deutlich weniger als Abo-Sender und bieten gleichzeitig eine größtmögliche Flexibilität. Die Serie startet nicht mehr um 20:15 Uhr, sondern auf Knopfdruck. Doch: Seit Video-on-Demand-Anbieter wie Netflix (u. a. *House of Cards* und *Orange is the New Black*) und Amazon (mit *Betas* und *Alpha House*) selbst eigene Produktionen herstellen, verliert die Serie auch ihre Serialität. Denn meist werden hier alle Episoden einer Staffel gleichzeitig online gestellt – die ZuschauerInnen stellen sich ihren (rituellen) Serienrhythmus nun selbst zusammen.

Noch liegt das Zentrum der televisionären Serialität in den USA, was den strukturellen Bedingungen des Fernsehmarktes dort, vor allem aber auch dem stark amerikanistischen Rezeptionsschwerpunkt geschuldet ist. Doch auch in Europa gibt es TV-Produktionen, die sich ähnlich intensiv mit gesellschaftlichen Problemen der aktuellen Zeit beschäftigen und diese durch innovative Formen der Narration nachzeichnen. So ist es ein Anliegen dieses Sammelbandes, jedem der thematischen Bereiche mindestens auch ein europäisches Format zuzuweisen, schließlich ähneln sich die gesellschaftlichen

Probleme und sozialen Missstände, von denen die Serien erzählen, nicht erst seit der Globalisierung auf beiden Seiten des Atlantiks.
Insgesamt sieben essayistische Aufsätze wenden sich aus der Sicht der Fernsehserie – jeweils strukturiert überschrieben durch die Tagline einer der besprochenen Serien – exemplarisch den Themen und Konflikten unserer Zeit zu.

Solange Landau eröffnet das Buch mit ihrer vergleichenden Analyse der Repräsentation von VertreterInnen des politischen Machtapparats. Die US-Serie *House of Cards* (die selbst mit einer BBC-Trilogie wiederum einen britischen Vorläufer hat) und die dänischen Produktion *Borgen* fokussieren das Phänomen der Macht wie auch die Rolle der Frau. Dabei steht die Frage im Vordergrund, wie Macht jene Figuren verändert, die als VolksvertreterInnen berufen wurden, der Gesellschaft zu dienen. Denn Macht, so scheint es, besitzt ein Eigenleben, das sich nur schwer kontrollieren lässt und man so wird das Publikum oftmals mit dem Unbehagen konfrontiert, kaum noch einschätzen zu können, wer hier eigentlich wem dient.
Die Sozialfigur des (Kriegs-)Heimkehrers steht im Zentrum der Untersuchung von Jonas Nesselhauf; dabei zeigt sich exemplarisch an den Veteranen Jimmy Darmody (*Boardwalk Empire*) und Nicholas Brody (*Homeland*), dass für den nach Hause zurückkehrenden Soldaten der Kampf noch lange nicht vorbei ist und er auf die Unterstützung der Gesellschaft angewiesen ist. Die Brisanz und Aktualität des Themas zeigt sich aber auch an dessen Verarbeitung in Kriminalserien (etwa *Tatort* oder *Luther*) oder als medizinisch-psychologischer Fall (beispielsweise in *Sherlock*, *Grey's Anatomy* oder *The Night Shift*). So sind Heimkehrer oftmals nicht mehr die, die einst in den Krieg zogen, und wirken nicht selten wie Fremdkörper innerhalb eines Systems, das große Probleme damit hat, sie wieder aufzunehmen.
Im Gegensatz zum Heimkehrer sind andere Figuren (und Personengruppen) von der Gesellschaft ausgeschlossen und

werden weggesperrt bzw. lassen sich wegsperren, entweder im Gefängnis oder der Psychiatrie. Markus Schleich zeigt anhand der Serien *Oz*, *About: Kate* und *Orange is the New Black* auf, wie der (jeweils gesellschaftlich normierte) Ausschluss seriell dargestellt wird und welche sozialen Probleme und Konflikte (etwa die Selbsteinweisung oder die Überbelegung von Haftanstalten) damit thematisiert werden. Dabei steht die Überlegung im Vordergrund, wer eigentlich Schutz benötigt: Die Gesellschaft vor Individuen oder doch eher das Individuum vor der Gesellschaft. Kann Freiheitsentzug als Strafe wirksam sein, wenn es auch außerhalb geschlossener Systeme gar keine wirkliche Freiheit gibt, die entzogen werden kann.

Julien Bobineau führt in seinem Beitrag TV-Produktionen zusammen, die sich angesichts der Weltwirtschaftskrise von 2008 und deren nachhaltigen Folgen mit dem ‚Brotverdienen' beschäftigen. Zwar mag die Familie in Zeiten der Krise und Unsicherheit als ein Ort der Geborgenheit fungieren, jedoch wird es auch deutlich schwieriger, die Familie zu ernähren – ein regelrechter ‚Amerikanischer Albtraum', der in *Breaking Bad* und *Shameless*, aber auch der britischen Produktion *Hustle* konstruiert wird. Denn was ist von Figuren zu erwarten, die mit traditionellen und normierten Familienkonzepten konfrontiert werden, aber denen aus verschiedenen Gründen die Möglichkeit fehlt, die an sie herangetragene Erwartungshaltung zu erfüllen? Welche Aussagen lassen sich über eine Gesellschaft treffen, die Kriminalität an sich verdammt, aber deren kapitalistische Grundausrichtung Kriminalität doch oftmals zu befördern scheint.

Johannes Franzen schließt daran mit einer Studie über GesetzeshüterInnen an, die in Kriminalserien idealer Weise für Recht und Ordnungen sorgen. Dieses Format beruht zumeist auf dem ambivalenten Konflikt zwischen ‚Gut' und ‚Böse', und das durchaus auch in Produktionen wie *The Shield* oder dem deutschen *Kriminaldauerdienst* (*KDD*) – auf den ersten Blick klassischen Kriminalserien. Aber, wie dieser Beitrag aufzeigt, verschwimmen diese Kategorien im zeitgenössischen

Fernsehen, auch zugunsten einer größeren Authentizität. Aus den einst so unantastbaren Lichtgestalten werden zunehmend komplexe und dunkle Figuren, die sich immer mehr als Anti-Helden betrachten lassen, die kaum noch dazu fähig scheinen, die Sicherheit der Gesellschaft aufrecht zu erhalten. Spannend ist dabei auch die Frage, warum das Publikum dennoch bereit ist, diesen Figuren weiterhin Sympathie entgegen zu bringen.

Stephanie Blum wendet sich den ‚Zurückgelassenen' zu, vom Sozialrealismus in *The Wire* zu daran angelehnten Produktionen wie *Im Angesicht des Verbrechens* oder *Misfits*. Dabei sagt exemplarisch gerade das unbequeme Thema der ‚sozialen Außenseiter' (seit dem literarischen Realismus) viel über die Gesellschaft an sich und ihr moralisches Wertesystem aus. Denn diese Figuren sind Indikatoren für die Fragilität eines als stabil wahrgenommenen Sozialgefüges und ihre bloße Existenz ist eine Warnung dafür, wie schnell Individuen den Halt verlieren können oder wie leicht eine Gesellschaft auseinanderbrechen kann.

Wenn TV-Serien über die Medienlandschaft und das Erzählen von Geschichten in Funk und Fernsehen nachdenken, dann lässt sich von Metafiktionalität sprechen. Sönke Hahn untersucht abschließend am Beispiel von *Mad Men*, *The Hour* und *Newsroom*, wie mit Authentizität gespielt und Reflexivität erzeugt wird. Denn Medienmacher präsentieren keine objektive Weltwirklichkeit – auch wenn sie das teils gerne täten –, sondern gestalten die Welt und formen die Wahrnehmung ihres Publikums. Dabei lassen die besprochenen Serien nie außer Acht, dass die Repräsentation unserer Lebenswelt in den Medien oftmals durch marktwirtschaftliche Interessen gelenkt wird und es auch hier am Ende doch wieder um die Einschaltquote geht.

„I'm feeling hungry today"
Die Machthungrigen in *House of Cards* und *Borgen*

Solange Landau

> Stars, hide your fires,
> Let not light see my black and deep desires,
> The eye wink at the hand.
>
> (*Macbeth* Akt I, Szene 4)

Das Streben nach Macht ist eines der zutiefst menschlichen Bedürfnisse und kann den/die Betroffene/n zum Guten oder zum Tyrannischen leiten. Das Innehaben einer Machtposition ermöglicht persönliche Freiheit und mannigfache Gestaltungsmöglichkeiten, weshalb es ein oftmals attraktives Ziel für Einzelpersonen darstellt. In den heutigen westlichen Gesellschaften bestehen nur wenige Möglichkeiten, um in eine solche Position zu gelangen: beharrliches Arbeiten, um als Manager/in ein bedeutendes Unternehmen zu leiten oder aber sich politisch engagieren, um ganze Staaten zu lenken. Eben jenen letztgenannten Weg beschreiten die Figuren Francis ‚Frank' Underwood und Birgitte Nyborg, die im Fokus dieses Essays stehen. In der modernen Serienlandschaft herrscht ein Wille zu größtmöglichem Realismus – das heißt, die Wirklichkeit des Zuschauers soll bestmöglich auf den Bildschirm gebannt werden. Dass die Fiktion dabei die Realität nicht genau abbildet, sondern durchaus überdramatisiert, ist dabei durchaus beabsichtigt. Nichtsdestoweniger gestaltet sich dieser Einblick in die Geschicke machtvoller Menschen mehr als erschreckend: Lug, Betrug, Sex und ein

Schuss Zynismus sind die Zutaten, aus denen sich Politserien wie *House of Cards* (seit 2013) und *Borgen* (2010–2013) zusammensetzen. Sie erinnern dabei wohl nicht nur zufällig an Shakespeare'sche Dramen und entfalten einen Blick in tiefste menschliche Abgründe (wie im Falle von Francis Underwood, dem Protagonisten von *House of Cards*) oder in die großen Schwierigkeiten, Idealismus und Ehrbarkeit im Politgeschäft zu bewahren (wie bei Birgitte Nyborg in *Borgen*).
Der/die Mächtige ist nicht selten alleine auf seinem/ihrem Weg – zu den Unterstützern zählen Ehepartner, Familie oder loyale Begleiter, die nicht selten Opfer des Machthungers werden. Im Folgenden stehen der Machthunger und seine Akteure ebenso im Fokus, wie die Beteiligten, die darunter zu leiden haben. Ein besonderes Augenmerk gilt der Beziehung von Frank und Claire Underwood, die deutliche Parallelen zu William Shakespeares Figuren Lord und Lady Macbeth aufweisen. Die Fragilität eines ‚Kartenhauses', das auf dem Weg zur Macht gebaut wird, soll ebenso beleuchtet werden wie auch die Wechselwirkungen zwischen Serienwelt und Realität.

Bitte zu Tisch: Der Machthunger, seine Akteure und seine Opfer

Francis ‚Frank' Underwood ist ein eher untypischer Charakter als Protagonist – er ist kein Held, kaum ein Antiheld. Kevin Spacey verkörpert in der seit 2013 vom Streamingdienst Netflix ausgestrahlten US-amerikanischen Webserie *House of Cards* einen durchtriebenen Charakter, der Ränke schmiedet, lügt, betrügt und mordet, um an seine Ziele zu gelangen. Nachdem der frisch amtierende 45. Präsident Garrett Walker[1] seinem Protegé unerwartet die versprochene Position

1 Die Webserie ignoriert somit die zweite Amtszeit des 44. Präsidenten Barack Obama und setzt innerhalb ihrer Diegese Garrett Walker im Januar 2013 in seine Position. Allerdings gehören beide der Demokratischen Partei der Vereinigten Staaten an.

als Außenminister verweigert – er soll weiterhin als ‚House Majority Whip' fungieren, also die Abgeordnetenstimmen auf eine Linie bringen und somit Mehrheiten zu sichern –, startet Underwood, mit der steten Unterstützung seiner Frau Claire, seinen persönlichen Rachefeldzug. Wie in einem Schachspiel führt er einen Zug nach dem anderen aus, bringt Figuren zu Fall und arbeitet sich so weiter Schritt für Schritt an die Macht.[2]
Underwood verkörpert das „Prinzip Mephisto"[3] – machtbesessen und teuflisch-böse, allerdings verbirgt er seine Intrigen und ist durchaus in der Lage, nach außen die Rolle des loyal-ergebenen Parteifreundes zu geben. Aus jener Doppelbödigkeit seines Verhaltens ergibt sich seine Gefährlichkeit, wie ein jagendes Raubtier wartet er nur auf seine Chance und verkleidet sich, falls notwendig, als Wolf im Schafspelz.
Genauso machthungrig und ebenso skrupellos wie kalt ist seine Frau Claire Underwood (dargestellt von Robin Wright). Sie treibt ihn an und unterstützt ihn bei seinen Racheplänen – Frank formuliert treffend: „I love that women. I love her more than sharks love blood."[4] Mit diesem Ausspruch definiert er nicht nur den Stellenwert, den seine Frau für ihn inne hat, sondern zugleich auch sich selbst.[5] Prekär wird deswegen die Situation im Laufe der dritten Staffel, in der es vermehrt zu Spannungen und schließlich zum Bruch – Claire verlässt Frank in der letzten Szene – kommt.
Die Gefährlichkeit und die Gewissenlosigkeit der Underwoods spiegelt sich in ihrer Beziehung wider; Sexualität scheint in Bezug aufeinander keine Rolle zu spielen oder zumindest ausgeklammert zu werden: „A great man once said, everything is about sex. Except sex. Sex is about power."[6] Diese

2 Vgl. dazu Kevin Spaceys Eigenaussage bei Gina Thomas: Der Starke ist am mächtigsten zu zweit. In: *Frankfurter Allgemeine Zeitung*, 02.02.2013, S. 38.

3 Michael Hanfeld: Der Haifisch liebt das Blut. In: *Frankfurter Allgemeine Zeitung*, 09.11.2013, S. 38.

4 *House of Cards*, S01/E01.

5 Vgl. Thomas: Der Starke ist am mächtigsten zu zweit.

6 *House of Cards*, S01/E09.

Aussage, die Frank Underwood dem/der ZuschauerIn mittels Durchbrechung der Diegese unmittelbar entgegen schmettert, stammt ursprünglich von Oscar Wilde und erlaubt gleich mehrere Rückschlüsse auf den Protagonisten wie auch auf die Konstruktion der Serie *House of Cards*. Das Machtgleichgewicht zwischen Frank und Claire scheint ebenbürtig – sie agieren in ihrem Machtstreben als Lord und Lady Macbeth des neuen Jahrtausends[7] und versuchen, den aktuellen König (hier der US-amerikanische Präsident Walker) zu stürzen. Im Gegensatz zu den ursprünglichen Macbeths allerdings nicht durch dessen Ermordung, sondern – zeitgemäß – durch gezielt gesetzte Skandale und erzwungene Rücktritte seiner wichtigsten Gefolgsleute.
Sex wird von Frank Underwood als Machtspiel benutzt; so beginnt er gezielt (und mit Claires Einverständnis) eine Affäre mit der jungen Reporterin Zoe Barnes, um durch sie und die von ihr verfassten Artikel seinen ParteigenossInnen zu schaden.[8] Der Körper und seine Triebe werden auf diese Weise Mittel zum Zweck und seine Äußerungskraft repräsentiert geradezu den Willen zur Macht im Foucault'schen Sinne. Dass kaum Screentime für Zärtlichkeiten zwischen Frank und seiner Ehefrau Claire verwendet wird und sie nur lesend oder arbeitend im Bett zu sehen sind, bedeutet nicht zwangsläufig, dass sie auch intim miteinander sind. Allerdings wirft gerade diese Auslassung Fragen auf, da immerhin andere Sexszenen durchaus angedeutet oder sogar explizit gezeigt werden. Es kann nur vermutet werden, dass Sex zwischen Frank und Claire nur deswegen nicht stattfindet, weil ansonsten ihr eheliches Machtkonstrukt aus der Balance geraten würde – ihre

7 Vgl. Hanfeld: Der Haifisch liebt das Blut; Thomas: Der Starke ist am mächtigsten zu zweit.

8 Claire hingegen lässt kurzeitig ihre alte Liebe mit dem Fotografen Adam Galloway wieder aufleben, kehrt jedoch zu ihrem Ehemann zurück. Die Affäre scheint in der zweiten Staffel kurzzeitig zu einem Skandal zu führen, als sie aufgedeckt wird, allerdings können Claire und Frank durch bewusste Lügen ihren Aufstieg zur Macht weiter fortführen. Galloway und seine Verlobte tragen allerdings großen Schaden davon.

Ebenbürtigkeit geht mit Vertrauen und Offenheit einher, die kaum erschüttert werden kann. Und dank jener Balance sind sie in der Lage, gestärkt miteinander auf ihr Ziel hinzuarbeiten. Eine einzelne sexuelle Vereinigung wird im Laufe der zweiten Staffel angedeutet: Wird Frank noch in Folge 10 von seinem Bodyguard Edward Meechum beim Anschauen eines pornographischen Videos, das zwei Männer und eine Frau miteinander zeigt, ertappt, so kommt es anderntags in Folge 11 zu leidenschaftlichen Küssen zwischen Claire, Frank und Meechum. Auch hier wird der weitere Verlauf dem/der ZuschauerIn nicht mitgeteilt, allerdings wird die Andeutung durch die nächste Szene – eine lesbische Liebesszene zwischen zwei Nebenfiguren der Serie – verstärkt. Durch die Einbindung eines Dritten bleibt das Machtgefüge zwischen zeitgenössischen Macbeths unangetastet, während Edward Meechum am nächsten Morgen weiterhin seine Pflicht ausübt, als wäre niemals etwas vorgefallen.
Jedoch verdeutlicht jene Szene zwischen den beiden Frauen Rachel Posner und Lisa Williams in der unmittelbaren Abfolge die verschiedenen Ausformungen von Macht und Sex innerhalb der Serie *House of Cards*. Während Frank Sexualität gezielt einsetzen und mit jener ‚Macht', die er dadurch inne hat, umgehen kann, trifft dies auf seinen treuesten Gefolgsmann Doug Stamper nicht zu. Die Liebe zwischen den Charakteren Rachel und Lisa ist echt, ihre miteinander gelebte Sexualität der Ausdruck ihrer Gefühle. Doug hingegen ist von Rachel besessen und versucht, da ihm der sexuelle Akt verweigert wird und er ihn nicht erzwingen will, als Ersatzhandlung ihr Leben zu kontrollieren. Da ihm die Macht über sie durch ihre Beziehung mit Lisa zunehmend entgleitet, scheitert er schließlich auch daran – er wird von Rachel fast getötet, wodurch Frank für mehrere Monate seinen wichtigsten Mitarbeiter im Weißen Haus verliert.
Frank Underwood selbst ist ein ausgesprochener Egomane: Er betet allein für sich und zu sich, da er weder auf Gott noch auf den Teufel vertrauen will und vorzugsweise selbst

Hand an sein Kartenhaus legt.[9] So strebt er auch lediglich für sich (und eventuell seine Frau) nach mehr und mehr Macht, ohne jedoch einen Erben zu haben. Er ist nicht nur kinderlos, er hat auch keinen politischen Zögling, der ihm in seinen Ämtern nachfolgen könnte. In all seinem Kalkül lässt er jede Person fallen, die jene zwei Chancen verstreichen lässt, die er maximal vergibt. Bei einem ihrer abendlichen Gespräche, die sie stets rauchend im Wohnzimmer verbringen, kommen Claire erste Zweifel daran, was sie nach ihrem Tod hinterlassen werden:

> CLAIRE I was thinking about … when one of us dies […], what will we leave behind. […]
> FRANK We've accomplished a great deal. And I intend to accomplish a lot more for us.
> CLAIRE But for whom?
> FRANK For each other.
> CLAIRE But if we're not … ah, I'm being silly.[10]

Die Kinderlosigkeit verfolgt Claire – sie hat bereits dreimal abgetrieben, wobei der Vater des letzten Kindes Frank gewesen wäre. So musste auch Claire Opfer für ihren gemeinsamen Machthunger bringen und auf ihre Mutterschaft verzichten; zwar war die Abtreibung (scheinbar) eine gemeinsame Entscheidung zugunsten der politischen Karriere ihres Mannes. Doch schließlich entschließt sie sich auch gegen eine (unabgesprochene) Fruchtbarkeitsbehandlung zu Beginn der zweiten Staffel. Claire Underwood weist in ihrem Verhalten ausgesprochene Parallelen zu Charakter Lady Macbeths auf, die wie sie kinderlos bleibt und damit hadert.
Claire wird zunehmend zu einem weiteren Opfer des Machthungers, denn auch wenn Frank unbeirrt seine Ziele verfolgt und schließlich zum 46. Präsidenten der Vereinigten Staaten

9 Vgl. *House of Cards*, S01/E13. Geradezu symbolisch bläst er danach alle Bittkerzen aus, so dass nur noch seine soeben angezündete brennt – dies verdeutlicht erneut seinen Machtwillen, als einziger übrig zu bleiben und alle anderen (politisch) auszulöschen.
10 Ebd.

ernannt wird – ohne jemals dafür gewählt worden zu sein –, bleibt seine Frau zweifelnd zurück. Denn um ihren Mann diesen letzten Schritt zu ermöglichen, bringt sie ein weiteres Opfer: Ihre missbrauchte Freundschaft zur First Lady Patricia Walker, die sie am Ende der zweiten Staffel emotional angeschlagen zurücklässt. Frank resümiert seine Vorgehensweise gegenüber dem/der ZuschauerIn (den er wiederholt mittels Durchbrechung der vierten Wand in sein Vertrauen zieht) wie folgt: „Do you think I'm a hypocrite? Well, you should. I wouldn't disagree with you. The road to power is paved with hypocrisy. And casualties. Never regret."[11]
Eine vollkommen gegensätzliche Figur zu Frank Underwood verkörpert Birgitte Nyborg (dargestellt von Sidse Babett Knudsen) in der dänischen Erfolgsserie *Borgen*, die von 2010 bis 2013 in drei zehnteiligen Staffeln produziert wurde. Sie ist bereits am Ende der Pilotfolge an der Spitze der dänischen Politik angekommen: Nachdem sich der bis dato amtierende Premierminister unmittelbar vor den Wahlen einem Skandal ausgesetzt sieht und sein schärfster Gegner die Gunst der Stunde nicht zu nutzen weiß, kommt Birgitte Nyborg für sie selbst völlig überraschend an die Macht. Im Laufe ihrer politischen Karriere nimmt sie den Wählerauftrag stets als Ansporn für ihr Handeln und stellt ihn sogar über ihr eigenes Privatleben.
Mit ihrem Mann Philip Christensen hatte sie ursprünglich eine partnerschaftliche Vereinbarung getroffen, wonach jedem eine gewisse Zeit für die eigene Karriere zugestanden wird, während der andere Haushalt und Kinder versorgt. Ihre eigene ‚Karrierezeit' ist zwar zum Zeitpunkt ihres Wahlerfolgs abgelaufen, doch ihr Mann steckt erneut – vorläufig – zugunsten seiner Frau zurück. Doch die Macht ringt Birgitte Nyborg zahlreiche Opfer ab: Ihr Privatleben und vor allem ihre Kinder leiden unter ihrem ‚Full-Time-Job', sie ist kaum zuhause und verzichtet zugunsten von Dienstreisen, die sie

11 *House of Cards*, S02/E09.

als wichtiger erachtet, auf ihre Familie. Allerdings erscheint sie weniger als ‚starke Frau', als die sie zuweilen angesehen wird[12] – zwar ist Birgitte Nyborg selbstbewusst, engagiert und aufrichtig, aber sie verlässt sich (vor allem zu Beginn) vielmehr auf die Meinungen anderer und dies sind nun einmal Männer in Form ihres Spin-Doctors Kasper Juul und ihres Mentors Bent Sejrø. Gerade letzterer belehrt sie hinsichtlich der Macht: „Du reißt sie an dich und hältst sie fest, sonst verschwindet sie einfach."[13] Somit stellt sich die Frage: Wer zieht eigentlich an den Fäden? Inwieweit handelt Birgitte selbstständig? Muss sie sich doch stets an aktuelle Gegebenheiten anpassen, Kompromisse eingehen und Opfer bringen, wenn sie an der Macht bleiben will. Auch wenn sie stets den Wählerauftrag als Prämisse für ihr Handeln anführt, sind ihre Familie und sie die Leidtragenden. Ihr Mann reicht schließlich die Scheidung ein; eine gleichberechtigte Beziehung auf Augenhöhe ließ Birgitte Nyborg als Ministerpräsidentin nicht zu und verbietet ihrem Mann beispielsweise die Annahme seines Traumjobs aus politisch-taktischen Gründen. Ihr Verantwortungsbewusstsein und ihr Machtwille (der allerdings deutlich weniger ausgeprägt ist als bei Francis Underwood) lassen sie am Ende ihres ersten Amtsjahres einsam zurück: Sowohl ihren Mann als auch ihren Mentor hat sie als Rückendeckung verloren. Vor der absoluten Einsamkeit ist Francis Underwood zwar am Ende der zweiten Staffel noch weit entfernt, aber auch bei ihm deutet sich an, dass Macht zwangsläufig mit Alleinsein einhergeht – sein Berater Doug ist langfristig außer Gefecht gesetzt, Claire zeigt erste Verzweiflungstränen. Der Weg zur Macht ist gepflastert mit Hürden und fordert notwendigerweise Opfer, der Machterhalt allerdings noch viel mehr. Der stete Hunger treibt die Protagonisten aus den unterschiedlichsten Gründen an, am

12 Vgl. z. B. Ines Kappert: Erfolg macht einsam – Zwei großartige dänische Serien um Frauen und Macht. http://www.getidan.de/gesellschaft/ines_kappert/55246/erfolg-macht-einsam-zwei-grossartige-daenische-serien-um-frauen-und-macht (Zugriff am 15.09.2014).

13 *Borgen*, S01/E02.

großen Ganzen Teil zu haben und zu gestalten, doch die Schwachen (vor allem Kinder und/oder EhepartnerIn) bleiben auf der Strecke.
Dass der Weg zur Macht auch in der heutigen Zeit noch durchaus blutig sein kann, zeigt sich im Kontext von *House of Cards* bereits paratextuell in der geradezu ikonographischen Inszenierung der Figur Frank Underwoods mit blutenden Händen (ausgerechnet sitzend im Stile des Lincoln Memorial) – und tatsächlich bleibt es dabei nicht nur im symbolischen Sinne, denn er wird selbst aktiv zum Mörder. Sowohl Peter Russo als auch Zoe Barnes – zwei Personen, die ihm zeitweilig äußerst nützlich waren und die schließlich seine Pläne gefährden – tötet er und lässt es danach wie Selbstmord beziehungsweise wie einen Unfall aussehen. Das Gewaltspirale auslösende Moment war dabei Russos Tod, der wiederum durch Zoe Barnes beinahe aufgedeckt wurde. In diesen Sog hineingezogen wird auch Doug Stamper, der selbst aufgrund der ausgelösten Ereigniskette am Ende der zweiten Staffel schwer verletzt im Wald liegt, dann in der dritten Staffel aber zu Francis Underwoods ‚inner circle' zurückkehrt. Daran wird deutlich, dass Macht und Gewalt zwei miteinander einhergehende Prinzipien sind, die nur mit Vorsicht voneinander getrennt werden können – daran ist gerade Birgitte Nyborg interessiert, die ihre Position mehr als ernst nimmt und schließlich bereit ist, Neuwahlen zugunsten ihres Volkes auszurufen.

Kartenhäuser bauen: Das Spiel mit der Macht und seine Risiken

Schon Niccolò Machiavelli setzt sich in seinem Werk *Il Principe* (1513) mit der Frage auseinander, „ob es besser ist, geliebt als gefürchtet zu werden oder umgekehrt"[14]. Auch stellt er fest: „Unter allen Fürsten ist es dem neu an die Macht gekommenen unmöglich, den Ruf der Grausamkeit zu vermeiden, da

14 Niccolò Machiavelli: *Il Principe. Der Fürst*, aus d. Ital. v. Philipp Rippel. Stuttgart: Reclam 2011, S. 126.

eine neuerworbene Herrschaft voller Gefahren ist."[15] Zwar trifft dies heute nicht mehr im vollen Umfang zu, doch stimmt es sicherlich, dass neu erworbene Macht am fragilsten ist: Es gilt, die eigene Macht zu stärken, sei es auf dem Weg zur politischen Macht oder wenn man an seinem Ziel angekommen ist – dies sieht man schon in den Nachrichten, unmittelbar nach einer Wahl oder im Laufe einer Amtsarbeit. Verfolgt man das politische Parkett regelmäßig, ist zu erkennen, dass der Sturz und das Zusammenbrechen des mühsam aufgebauten Kartenhauses nur all zu leicht vonstattengehen kann: „[…] er muß sich nur bemühen, dem Haß zu entgehen."[16]. Das bedeutet, der Machterhalt gleicht einem Drahtseilakt; der/die MachtinhaberIn darf weder zu viel Nachsicht noch zu viel Härte walten lassen, ansonsten wird er/sie abgewählt oder seines/ihres Amtes enthoben. So wird *Borgen* beispielsweise stets epigrafisch durch ein Zitat einer namhaften, politisch-philosophischen Persönlichkeit eingeleitet – meistens stammt es von Machiavelli, wodurch ein deutlicher Bezug zu dessen Ideologie hergestellt wird.

Francis Underwood lässt stets nach außen hin nur so viel Härte zu wie gerade notwendig und geht auch notwendige Kompromisse ein; dadurch erarbeitet er sich einen gewissen Ruf als ‚harter Hund' und auch den Respekt von Präsident Walker, für den er unersetzlich wird. Geschickt spielt er das Spiel der Macht und setzt mit Bedacht einen Zug nach dem anderen, da der kleinste Stoß sein Kartenhaus zusammenfallen lassen könnte. Der Titel der Serie kann so einerseits als epische Vorausdeutung auf ihr (mögliches) Ende hinweisen – jedes Kartenhaus bricht früher oder später zusammen – und andererseits selbst als Topos hinsichtlich der Fragilität von Macht und Machterhalt stehen. Zugleich symbolisiert es die Notwendigkeit eines breiten Fundaments: Auf dem Weg zum Ziel bedarf es strategischer Züge und UnterstützerInnen,

15 Machiavelli: *Il Principe*, S. 128.

16 Ebd., S. 134.

ansonsten bringt es der/die Machthungrige wohl nicht sehr weit.
Kevin Spaceys Serienfigur setzt sich in ihrem Bestreben nach Rache und Macht in den Fokus ihrer Welt – er steht im Mittelpunkt und geradezu egomanisch betet Underwood weder zu Gott noch zum Teufel, sondern nur zu sich und für sich.[17] Seine Frau Claire nimmt zwar eine bedeutende Position in seinem Leben ein (so will er ihre vor der gemeinsamen Zeit erlittene Vergewaltigung nicht ungesühnt lassen, doch hält sie ihn entschieden zurück), jedoch ist sie zugleich ein Risikofaktor und kann ihn gerade aus dieser Vertrauenssituation heraus in tiefe Bedrängnis bringen, sofern sie ihm in zukünftigen Folgen in den Rücken fallen sollte – oder ein Ende ähnlich ihres literarischen Vorbildes Lady Macbeth wählt, wodurch Underwood tatsächlich vollkommen allein zurückbleiben würde. Bis dahin ist es ihm gleichgültig, ob er gehasst wird; seine Gegner fürchten ihn und so gelingt es ihm auch, sie der Reihe nach gezielt auszuschalten. Eines seiner in die Kamera gerichteten Zitate ist in diesem Sinne geradezu programmatisch: „Shake with your right hand but hold a rock in your left."[18] So doppelgesichtig agiert er stets; nur dem/der ZuschauerIn gegenüber, der/die wie ein/e FreundIn angesprochen wird, ist er derart offen und unverblümt direkt wie sonst niemals.

Wechselspiele zwischen Fiktion und Realität, oder: Der Zuschauer als ‚Mittäter'

Die Grenzen zwischen Fiktion und Realität verschwimmen in *House of Cards* – Francis Underwood durchbricht seine Diegese und adressiert seine intimsten Gedanken und Pläne an den/die ZuschauerIn. Das Besondere daran: „Nur zu uns ist er ehrlich, vor uns hat er keine Geheimnisse, wir sind seine Mitverschwörer."[19] Zwischen den Zeilen schließt Underwood

17 Vgl. *House of Cards*, S01/E13.
18 *House of Cards*, S02/E05
19 Hanfeld: Der Haifisch liebt das Blut.

einen Pakt mit seinem außerdiegetischen Publikum: Es verfolgt mit Spannung jede Folge und bleibt ihm treu, dafür wird es zum Mitwisser. Ohne jede Handlungsmöglichkeit sind die ZuschauerInnen stumme ZeugInnen seiner Taten und machen sich *de facto* dadurch mitschuldig. Dadurch werden die eigenen Sehgewohnheiten geradezu pervertiert – war die erste Staffel vielleicht noch angesichts der ungeheuren Bösartigkeit des Protagonisten Underwood unerträglich, so ist man in der zweiten Staffel im Sog seiner Abgründe angekommen. Gebannt verfolgt der/die ZuschauerIn die Machenschaften dieses Antihelden. Und eben darin besteht der Kern jenes ‚Teufelpaktes', man ist nun intimste/r FreundIn und kann sich ihm nicht mehr entziehen. Für Kevin Spacey war es anfangs ungewohnt, direkt in die Kamera zu blicken:

> Doch habe er dabei den gefesselten Blick der Theaterzuschauer vor sich, die er in Shakespeares Richard III. auf der Bühne in seine Machenschaften einweiht. Dann sei ihm die Idee gekommen, vor der Kamera zu reden wie mit einem engen Freund, vor dem man keine Geheimnisse hat.[20]

Geradezu schockierend und überraschend wirkt die Ansprache, die Underwood zum Ende der ersten Folge der zweiten Staffel an den/die ZuschauerIn richtet:

> Did you think I'd forgotten you? Perhaps you hoped I had. Don't waste a breath mourning Miss Barnes. Every kitten grows up to be a cat. They seem so harmless at first—small, quiet, lapping up their saucer of milk. But once their claws get long enough, they draw blood. Sometimes from the hand that feeds them. For those of us climbing to the top of the food chain, there can be no mercy. There is but one rule: hunt or be hunted. Welcome back.[21]

Seit der letzten Folge der ersten Staffel – die circa ein Jahr vor dieser Folge online gestellt wurde – hatte Francis Underwood bis zu diesem Moment nicht mehr in die Kamera gesprochen. Sein Spiel bleibt nicht auf seine Diegese beschränkt, der Tod

20 Thomas: Der Starke ist am mächtigsten zu zweit.

21 *House of Cards*, S02/E01.

von Zoe Barnes wird metaphorisch entschuldigt. Die Kamera schwenkt danach von Underwood weg und gibt den Blick auf ein Geschenk frei, dass er nachträglich zu seinem Geburtstag erhalten hat: Manschettenknöpfe mit seinen programmatischen und klingenden Initialen F und U.

Politik wird zum Shakespeare'schen Drama, in dem die Charaktere skrupellos intrigieren, benutzen, morden und eventuell fallen. Noch ist die Geschichte, die *House of Cards* dem Zuschauer darlegt, nicht beendet – es wird noch mindestens eine vierte Staffel produziert, weitere sind nicht ausgeschlossen. Eventuell wird Netflix mit seiner Serie weiter in der Tradition klassischer Dramen verweilen: Fünf Staffeln und der zwangsläufige Fall des Protagonisten Francis, den schon Macbeth ereilt hat. Die wahre Dramatik liegt aber wohl in dem Umstand, wie Underwood an die Macht kommt. Zu Beginn der zweiten Staffel lässt er uns wissen: „ A heartbeat away from the presidency, and not a single vote cast in my name. Democracy is so overrated."[22] Allein durch Intrigen und gezielte kleine Schachzüge schafft es hier ein Mensch, eine der ältesten Demokratien der Welt auszuhöhlen und Kräfte in seiner Person zu vereinen, die ihn nicht nur zum mächtigsten Mann erheben, sondern beinahe diktatorische Befehlsgewalt ermöglichen. Dahinter verbirgt sich ein einfaches Prinzip, wie Kevin Spacey mit Blick auf die von ihm verkörperte Figur feststellt: „Macht ist die Chance, etwas möglich zu machen."[23] Das heißt, nur wer Macht in sich vereint, hat die Möglichkeit, dadurch die Welt zu gestalten und zu verändern.

Davon ist Birgitte Nyborg weit entfernt, doch auch sie hat Einfluss auf die Lebenswirklichkeit ihrer ZuschauerInnen. Die Wechselwirkung zwischen Serie und ‚echter' Politik ist

22 *House of Cards*, S02/E02.

23 Patrick Bahners: Staffelstart „House of Cards": Leichen pflastern seinen Weg. In: *Frankfurter Allgemeine Zeitung*, 14.02.2014. http://www.faz.net/aktuell/feuilleton/medien/serien/staffelstart-house-of-cards-leichen-pflastern-seinen-weg-12796577.html?printPagedArticle=true#pageIndex_2 (Zugriff am 15.09.2014).

durchaus beabsichtigt: Während sich die DrehbuchschreiberInnen von der Zeitungslektüre inspirieren lassen, nutzen PolitikerInnen die Popularität von *Borgen*, um eigene Themen, die denen von Nyborg ähneln, durchzusetzen.[24] Der/die ZuschauerIn wird bei ihr allerdings nicht zum/zur MitverschwörerIn – das Interesse speist sich vielmehr aus der vielseitigen Perspektive, die Beweggründe von Nyborg und ihr nahestehende Personen wie Kasper Juul und die Journalistin und spätere Spin-Doctorin Katrine Fønsmark. Pivatleben, Journalismus und Politik vermischen sich hier zu einem (selbstverständlich überdramatisierten) Abbild eines modernen Politikbetriebes.

Wieso gerade Politserien wie *House of Cards* oder *Borgen* die ZuschauerInnen fesseln wie eine moderne Seifenoper;[25] die Spannung ergibt sich gerade aus der Vermischung von realitätsnahen Alltagsthemen und Strukturen und der Überdramatisierung zutiefst menschlicher Handlungsweisen – und das in einer Zeit, da Politik „im echten Leben doch meist Verdruss beschert". Warum dies so ist, weiß Michael Dobbs, der die Romanvorlage zur britischen Serie schrieb,[26] auf der Frank Underwoods Ränke basieren: „Politik ist dann interessant, wenn es nicht um Politik geht, nicht um UK, Dänemark oder sonst ein Land, sondern um die großen Themen: Macht, Neid, Sex."[27]

24 Thomas Borchert: „Borgen" in der ARD: Dänische TV-Serie beeinflusst Politik. In: *Stern*, 04.04.2013. http://www.stern.de/kultur/tv/borgen-in-der-ard-daenische-tv-serie-beeinflusst-politik-1992949.html (Zugriff am 15.09.2014).

25 Vgl. Nicklas Baschek: Die teuerste Seifenoper der Welt. In: *Die Zeit*, 15.04.2015. http://www.zeit.de/kultur/film/2015-04/house-of-cards-underwood-kritik (Zugriff am 30.04.2015).

26 Vgl. Michael Dobbs: *House of Cards*. London: Collins 1989.

27 Zit. n. Claudia Fromme: Der Strippenzieher. In: *Süddeutsche Zeitung*, 14.02.2014, S. 35.

„It hits Home“

Die Zurückgekehrten von *Homeland* bis *Grey’s Anatomy*

Jonas Nesselhauf

> ach, der nuschelt so vor sich hin. er ist ein echtes rückkehrergespenst.[1]

Die Globalisierung des frühen 21. Jahrhunderts macht es immer einfacher, von ‚zu Hause‘ wegzukommen, zu reisen, im Ausland zu studieren oder zu arbeiten, auszuwandern – die intentionale Mobilität (Flucht, Vertreibung oder Exil ausgeklammert) scheint schier grenzenlos zu sein. Es sind nun heute kaum noch Abenteurer und Entdecker, die zu Reisen in ferne Welten aufbrechen, sondern eher DiplomatInnen und JournalistInnen, ÄrztInnen und Geschäftsleute, nicht zuletzt aber auch SoldatInnen, die in Krisen- oder Kriegsgebiete entsandt werden.

Doch so einfach das Weggehen, desto schwieriger das Wiederkommen und das Zurückfinden. Noch geprägt von den (positiven oder negativen, berührenden oder traumatischen) Erlebnissen, kann das Ankommen ‚zu Hause‘ durchaus zu einem Problem werden: „Heimkehrer sind Wanderer zwischen den Welten [...]; sie können die Heimat nicht nach ihrem Willen formen, sondern müssen sich in neue Verhältnisse ein- und

1 Kathrin Röggla: NICHT HIER oder die kunst zurückzukehren. In: Dies.: *besser wäre: keine. Essays und Theater.* Frankfurt: Fischer 2013, S. 125–184, hier S. 129.

mit ihnen zurechtfinden."[2] Somit ist die Rückkehr nach Hause ein Übergangsprozess, zwar mit einem relativ klaren räumlichen Ziel, aber einem keineswegs einfachen Weg dorthin, wie etwa das Theaterstück *NICHT HIER* von Kathrin Röggla zeigt, aus dem das vorangestellte Zitat entnommen ist. Dort ist es die Therapeutin Sandra, die Mitarbeiter von Firmen und NGOs betreut – sie „leitet einen [W]orkshop für [R]ückkehrer [...]. [D]as sind [L]eute, die gerade eben zurückgekommen sind oder kurz davor sind, zurückzukehren."[3]

Doch seit der Antike ist die prominenteste Erscheinungsform des Rückkehrers die Figur des Soldaten, der von den Schlachtfeldern nach Hause kommt. Ein Sonderfall, wohlgemerkt, aber ein besonders interessanter: Odysseus, Amphitryon oder Agamemnon (im Elektra-Mythos) – sie alle haben mit dem Weg nach Hause, respektive der Ankunft in der Heimat zu *kämpfen*, und trotz gewonnener Schlachten und Kriege kommt der siegreiche Soldat nicht immer als Held zurück. Auch die verschiedenen modernen Kriege des 20. Jahrhunderts haben immer wieder die Verletzlichkeit des Soldaten und den Kriegsdienst als existentielle Extremsituation in Erinnerung gerufen, und insbesondere der Vietnamkrieg (1955–1975) war in dieser Hinsicht ein zentraler Wendepunkt. Die Zahl der Veteranen, die nach ihrer Entlassung traumatisiert waren, unter Drogenproblemen litten, kriminell wurden, nicht wieder in den Arbeitsmarkt integriert werden konnten oder sogar Selbstmord begingen, lag jahrelang weit über dem Durchschnitt der US-Bevölkerung. Als die Kategorie der sogenannten posttraumatischen Belastungsstörung (*Posttraumatic Stress Disorder*, PTSD) im Jahre 1980 endlich in die dritte Auflage des *Diagnostic and Statistical Manual of Mental Disorders* (DSM) der American Psychiatric Association aufgenommen wurde, trafen die

2 Sünne Juterczenka / Kai Marcel Sicks: Die Schwelle der Heimkehr. Einleitung. In: Dies. (Hrsg.): *Figurationen der Heimkehr. Die Passage vom Fremden zum Eigenen in Geschichte und Literatur der Neuzeit.* Göttingen: Wallstein 2011, S. 9–29, hier S. 10.

3 Röggla: NICHT HIER, S. 125.

Kriterien auf weit mehr als ein Drittel der Vietnam-Soldaten zu.[4] Nicht zuletzt lag der Grund der problematischen und oftmals missglückten Reintegration in die gesellschaftliche Normalität aber auch darin begründet, dass der Krieg selbst – und die Veteranen als Stellvertreter einer verhassten Militärstrategie – von der amerikanischen Öffentlichkeit immer mehr abgelehnt wurde.

Generell zeigt sich aber in der Militärgeschichte des 20. Jahrhunderts: Nicht mehr Verwundungen sind die Hauptbelastung bei der Wiedereingliederung eines Soldaten, der nun durch zunehmende Fortschritte in Medizin und Amputationstechnik durchaus wieder am Arbeitsmarkt teilnehmen kann, sondern die psychischen Folgen, die der Kriegseinsatz mit sich bringt. Bereits kurz nach Beginn des Ersten Weltkriegs (1914–1918) wurde der sogenannte ‚Shell Shock' zu einem Massenphänomen: „These soldiers were not wounded, yet they could neither see, smell nor taste properly. Some were unable to stand up, speak, urinate or defecate; some had lost their memories; others vomited uncontrollably."[5] Patienten, die unter der ‚Kriegsneurose' litten, wurden oftmals noch geheim und von Verwundeten getrennt transportiert,[6] gerieten aber zunehmend zu einer Belastung für die kämpfende Truppe. Die Militärführungen waren von diesem nahezu bei allen Verbänden auftauchenden Phänomen überrascht und überfordert, schließlich wurden weder Psychiatrie noch Neurologie im Lazarett berücksichtigt, während die Psychoanalyse ohnehin noch in den Kinderschuhen steckte. Und während weder John T. MacCurdy in seiner

4 Vgl. Jonathan Shay: *Achilles in Vietnam. Combat Trauma and the Undoing of Character.* New York: Scribner 2003, S. 168. Nicht zufällig bezieht sich der amerikanische Psychiater Jonathan Shay mit seinen beiden zentralen Untersuchungen *Achilles in Vietnam* (1994) und *Odysseus in America* (2002) auf zentrale (Heimkehrer-)Texte der Antike, Homers *Ilias* und *Odyssee.*

5 Ben Shephard: *A War of Nerves. Soldiers and Psychiatrists 1914–1918.* London: Pimlico 2002, S. 1.

6 Vgl. Emily Mayhew: *Wounded. The Long Journey Home from the Great War.* London: Vintage 2013, S. 207–208.

Untersuchung *War Neuroses* (1918)[7] noch Sigmund Freud in seinen Betrachtungen *Zeitgemäßes über Krieg und Tod* (1915) zu einer endgültigen wissenschaftlichen Erklärung kommen (konnten), wird der ‚Kriegszitterer' zum zentralen Thema in der Literatur der Zeit, beginnend mit Rebecca Wests Roman *The Return of the Soldier* (1918).

Das Kriegstrauma fungiert bis heute als zentrale Metapher für den Veteranen und seine problematische Heimkehr und lässt sich etwa bereits in den Jahren nach dem Ersten Weltkrieg in literarischen Werken von Alfred Döblin, Hans Fallada, F. Scott Fitzgerald, Ernest Hemingway, Erich Maria Remarque, Joseph Roth, Virginia Woolf und Arnold Zweig finden. Und auch in der HBO-Serie *Boardwalk Empire*, im Jahre 2010 von Terence Winter entwickelt, der zuvor mehrere Episoden der *Sopranos* schrieb, ist die problematische Rückkehr von Soldaten Teil des gesellschaftlichen Panoramas in Atlantic City der frühen 1920er Jahre – zentral an der Figur des James ‚Jimmy' Darmody, dem persönlichen Assistenten von ‚Nucky' Thompson.

Boardwalk Empire

Bereits in der ersten Episode der Serie tauchen Konflikte auf, auch zwischen Jimmy und seiner Frau Angela, die er während seines Studiums in Princeton kennenlernte, dann aber schwanger zurückließ, um im Ersten Weltkrieg in Europa zu kämpfen; die tatsächlichen Hintergründe für den Freiwilligendienst werden allerdings erst gegen Ende der zweiten Staffel bekannt. Trotz des abgebrochenen Studiums – „Two years killing Jerries doesn't exactly prepare you for a whole lot else."[8] – und seiner Kriegsverletzung am Bein findet er eine

7 Vgl. Joanna Bourke: *An Intimate History of Killing. Face to Face Killing in 20th Century Warfare*. London: Granta 1999, S. 239.

8 *Boardwalk Empire* S01/E01, 15:30 min. Interessanterweise wird diese Szene durch eine Collage abgeschlossen, in der Jimmys Sohn Tommy mit Spielzeugsoldaten spielt, während angehende Prohibitions-Agenten in einer Polizeiakademie trainieren; überlagert wird diese Sequenz durch Schüsse aus

zwielichtige Anstellung beim korrupten Kämmerer Enoch Thompson. Neben dem sichtbaren Humpeln wird Jimmy aber auch immer wieder von Kriegserinnerungen und schlaflosen Nächten heimgesucht, sogar beim Sex mit Angela: „There were so many times when I would think of you. I would get so hard.“[9]

Seine körperlichen und seelischen Kriegsverletzungen werden im Schicksal von Pearl gespiegelt, einer Prostituierten, mit der Jimmy eine Beziehung eingeht, deren Gesicht allerdings durch den Gangster Liam brutal entstellt worden ist. Jimmy sorgt sich um die junge Frau, die in der Folge bereits beim Geräusch einer zuschlagenden Tür (einem Trauma gleich) aufschreckt und die ihre juckende Wunde mit Jimmys Kriegsverletzung vergleicht. Nach Pearls Selbstmord verliert Jimmy erneut seinen Halt, wird selbstbezogener, aber auch destruktiver (etwa wenn er das aus dem Krieg bekannte *„five-finger fillet“*[10] ‚spielt'), und trägt wieder seine Militärmarke um den Hals. Wie vielen Kriegsheimkehrern scheint auch ihn das geordnete und hierarchische System des Militärs zu fehlen, das mit dem Prinzip der Kameradschaft als Treueversprechen einhergeht. So hat in dieser Zeit der Abstumpfung und Betäubung erst wieder die Begegnung mit Richard Harrow für ihn eine nachhaltige Wirkung: Die linke Gesichtshälfte des ehemaligen Scharfschützen ist vollständig entstellt; Richard trägt eine Prothese mit aufgemalter Augenpartie und nachgezeichnetem Schnurbart und ist besessen davon, die Maske eines deutschen Heckenschützen, den er getötet hat, mit sich herum zu tragen.

Doch für den humpelnden Jimmy und den entstellten Richard, die noch im Laufe der ersten Staffel gemeinsam zu Nucky nach Atlantic City gehen werden (und in den folgenden

dem Off, die dann zwar der Polizeiausbildung zuzuordnen sind, insgesamt aber auch an die für ein PTSD typischen ‚Flashbacks' erinnern.

9 *Boardwalk Empire* S01/E02, 19:50 min.

10 Vgl. *Boardwalk Empire* S01/E06, 11:50 min.

Staffeln weiterhin zentrale Figuren bleiben), ist der Krieg noch längst nicht vorbei, wie sich zentral in der späteren Episode „Gimcrack and Bunkum“ (S02/E05) zeigt, in der ausgerechnet der *memorial day* zu Ehren der Weltkriegsveteranen begangen wird, während die beiden Kriegsheimkehrer aber (metaphorisch) selbst an den unterschiedlichsten Fronten zu kämpfen haben. Fast, so scheint es, bräuchten sie wieder eine ‚Mission‘, um ihrem Leben einen Sinn zu geben, beginnend mit der gezielten Ermordung des Kleingangsters Liam durch den Scharfschützen Richard in der ersten Staffel. So stehen er und Jimmy sowohl exemplarisch für die individuellen Kriegsfolgen wie für eine gemeinschaftliche *lost generation*, die das gesellschaftliche Panorama der 1920er Jahre auch in den USA prägte, das wiederum von *Boardwalk Empire* ohnehin in einer beeindruckenden Bandbreite eingefangen wird.
Und tatsächlich findet sich die Figur des heimkehrenden oder kürzlich angekommenen Soldaten inzwischen in verschiedenen Fernsehserien, nicht zuletzt auch als Chiffre für eine unbequeme „Rückkehr des Verdrängten“, wie es Daniel Haas in einem *FAZ*-Artikel bezeichnet.[11] Die dort gelobte vielschichtige Beschäftigung mit dem Kriegsheimkehrer unterstreicht aber auch die Funktion der Fernsehserie als einer gesellschaftskritischen Chronik, dem sich das rezente ‚Quality-TV‘ – so die zumeist einhellige Meinung des Feuilletons – mit Produktionen von *The Wire* bis *House of Cards* scheinbar angenommen hat. In diesem Zusammenhang tritt gerade die Showtime-Produktion *Homeland* als paradigmatischer Spiegel der amerikanischen Mentalität und als Psychogramm der Post-9/11-Ära hervor – und nicht zuletzt auch deswegen, weil sie den ambivalenten Umgang mit einem Kriegsheimkehrer zeigt.

11 Daniel Haas: In den Stahlgewittern der Heimat. Rückkehr des Verdrängten: Kriegsveteranen sind unbequem – Amerikanische Serien erzählen von ihrem Dilemma in verschlüsselter Form. In: *Frankfurter Allgemeine Zeitung*, 11.12.2013, S. 29.

Homeland und *Hatufim*

Nach acht Jahren in Gefangenschaft wird der US-Marine Nicholas Brody im Irak befreit und – von einigen Narben abgesehen körperlich nahezu unversehrt – wieder in die die USA zurückgeflogen. Von der Politik und den Medien als Kriegsheld inszeniert, klaffen unter der äußeren Hülle viele Wunden: Brody leidet unter einer posttraumatischen Belastungsstörung, hat Albträume und nicht zuletzt Jahre des Familienlebens verpasst, in denen seine Kinder Dana und Chris aufgewachsen sind, seine Ehefrau Jessica inzwischen aber auch einen neuen Partner hat. Und schließlich ist da noch der Verdacht der rast- und ruhelosen CIA-Agentin Carrie Mathison, die vermutet, Brody sei während seiner Zeit im Irak ‚umgedreht' worden und plane als ‚Schläfer', nun wieder zurück in der Heimat, einen terroristischen Anschlag.
So ist bereits der Titel der Serie bezeichnend: „Homeland", das Heimatland, ist inzwischen aber auch ein geflügelter Begriff für eine sehr amerikanische Denkweise geworden — angelehnt an die nach Anschlägen vom 11. September gegründete Homeland Security, ein weiteres Ministerium (*department*) im US-Staatsapparat, ausgestattet mit einem Budget von mehreren Milliarden Dollar pro Jahr und vorwiegend für die Koordinierung der verschiedenen Grenzschutz- und Zollbehörden verantwortlich. Zu tief sitzt das Trauma der Angriffe auf die ‚Heimat' nach Pearl Harbor 1941 und 9/11 sechzig Jahre später, und stellvertretend für eine scheinbar paranoid gewordene Generation leidet Carrie Mathison in der Serie unter dem daraus resultierenden PTSD. So handelt *Homeland*, wie Daniela Otto im Frühjahr 2013 in ihrem Aufsatz „Pathologien des Terrors" für die Reihe Medienobservationen feststellte, „vor allem von der lauernden Angst vor dem Bösen und dem Zweifel, der unwiderruflich gesät und zum emotionalen Dauerbegleiter geworden ist."[12]

12 Daniela Otto: Pathologien des Terrors. *Homeland* als Beitrag zur kollektiven Traumabewältigung. http://www.medienobservationen.lmu.de/artikel/tv/tv_pdf/otto_homeland.pdf (Zugriff am 21.04.2015), S. 2.

Nicholas Brody, ein Kriegsheld oder eine nur von der Einzelkämpferin Mathison erkannte Bedrohung für die nationale Sicherheit, ein zum Islam konvertierter Terrorist oder die bloße Einbildung einer zu paranoiden Agentin? Die Serie spielt mit dieser stets präsenten Unsicherheit der Post-9/11-Gesellschaft, die in den Monaten nach den Anschlägen durch Fernsehwerbung und Plakate in öffentlichen Verkehrsmitteln unaufhörlich dazu aufgerufen wurde, ‚verdächtige Personen und Aktivitäten' unverzüglich zu melden. Die inzwischen sogar markenrechtlich geschützte Kampagne von Homeland Security dazu: „If You See Something, Say Something.™ Homeland Security Begins with Hometown Security."[13]

Die Fernsehserie *Homeland* baut diese gesellschaftliche Paranoia zu einem Spiel aus, wechselt während der ersten Staffel immer wieder geschickt die Perspektiven zwischen Mathison und Brody und lässt den Zuschauer lange im Unklaren, wer die eigentliche Gefahr ist, der übersensible Geheimdienst oder der zum Islam konvertierte Familienvater, die manisch kranke Agentin mit ihrer Obsession oder der traumatisierte wie unberechenbare Veteran. So wird aber auch der gesamtgesellschaftliche Zustand der westlichen Weltmacht beleuchtet – James Poniewozik stellt im *Time Magazine* zum Serienstart im September 2011 die entscheidenden beiden Fragen: „Has 9/11 made us more vigilant and pragmatic? Or has it left us – like the principals in this absorbing, nuanced drama – damaged and maybe a little crazy?"[14]

Die endgültige Antwort gibt es erst in den späteren Episoden, als Brodys Verbindung zum Top-Terroristen Abu Nazir offengelegt wird, als Carrie sich (zu Beginn der dritten Staffel und aufgrund ihrer bipolaren Störung) aber schon längst in

13 If you see something, say something™. http://www.dhs.gov/if-you-see-something-say-something (Zugriff am 21.04.2015).

14 James Poniewozik: Dead Tree Alert: The Post-Post-9/11 Drama of Homeland. http://entertainment.time.com/2011/09/30/dead-tree-alert-the-post-post-911-drama-of-homeland/ (Zugriff 21.04.2015).

geschlossener psychiatrischer Behandlung befindet. So zelebriert *Homeland* diesen amerikanischen Zeitgeist, den Susan Sontag einst als ‚Kultur der Angst'[15] bezeichnete, und es mag auf den ersten Blick nicht überraschen, dass ausgerechnet Alex Gansa und Howard Gordon für die Serie verantwortlich zeichnen, die bereits für Fox das Echtzeit-Format *24* entwickelten. Doch anders als die (vorsichtig gesprochen) konservative Serie, die einem sehr einfachen Schwarz-Weiß-Schema verfallen ist, und in deren Mittelpunkt mit dem CTU-Agenten Jack Bauer ein unerschütterlicher Einzelkämpfer steht, ist *Homeland* sehr viel differenzierter. Dies mag vor allem daran liegen, dass Carrie leidet, sowohl unter ihrem Wahn, überall ‚das Böse' und ‚das Terroristische' zu vermuten, wie auch zwangsläufig unter den belastenden Ereignissen der ersten und zweiten Staffel.

Direkte Vorlage für die Showtime-Produktion war allerdings eine israelische Serie mit dem Titel *Hatufim*, ‚die Entführten'. Vor dem Hintergrund der Grenzkonflikte im Nahen Osten wurden drei israelische Soldaten vor 17 Jahren bei einer Operation im Libanon gefangen genommen; 2008 kehren nun zwei von ihnen wieder nach Hause zurück. Viel stärker als in der US-Serie *Homeland* stehen dort über zwei Staffeln die tatsächliche Rückkehr des Soldaten in die Gesellschaft und die Bewältigung seiner Traumata im Mittelpunkt, darunter auch psychologische Untersuchungen und die psychiatrische Betreuung.

Tatsächlich kommt dem kämpfenden Individuum heute eine viel stärkere Aufmerksamkeit zu, als in den Kriegen zuvor, als traumatische Belastungen noch teilweise als ‚Feigheit' oder ‚Heimweh' ausgelegt wurden. So hat inzwischen etwa auch die deutsche Bundeswehr – mit den Herausforderungen neuer Auslandseinsätze zu Beginn des 21. Jahrhunderts – ein

15 Sigrid Löffler: „Die Welt wahrzunehmen – das ist mein Job." Eine europäische Amerikanerin, Kantianerin und Vordenkerin ihrer Epoche im Gespräch in Edinburgh. Porträt der Friedenspreisträgerin Susan Sontag. In: *Literaturen* 10 (2003), S. 24–29, hier S. 26.

„Konzept zur Stressbewältigung“ entwickelt, das gezielt auf die drei zentralen Phasen – Einsatzvorbereitung, Einsatzdurchführung, Einsatznachbereitung – ausgelegt ist.[16]

Der Kriegsheimkehrer als Kriminalfall in *Tatort* und *Luther*

Mit der *Tatort*-Episode „Heimatfront“ ist die Figur des Kriegsheimkehrers im Januar 2011 auch auf dem sonntagabendlichen ‚Krimi-Flagschiff‘ angekommen.[17] Die saarländischen Kommissare Franz Kappl und Stefan Deininger ermitteln gegen traumatisierte Afghanistan-Veteranen, nachdem eine Psychologin durch den Bundeswehr-Soldaten Ingo Böcking ermordet wurde.

Gerade über mehrere Staffeln angelegte Krimiserien mit gleich bleibenden Ermittlern, die sich aber pro Episode einem (dann am Ende abgeschlossenen) Fall annehmen, sind ein interessanter Spiegel der gesellschaftlichen Realität. Sie müssen, um allgemeinverständlich und in mimetischem Sinne realistisch zu sein, auf authentische Figuren und Szenarien der aktuellen Zeit zurückgreifen – zugespitzt: Der Mörder ist der Gärtner, nicht das zottelige Alien, das bei den Tanners nebenan wohnt. Und so ist der Blick zurück auf den seit 1970 laufenden *Tatort* auch eine mentalitätsgeschichtliche Chronik bundesdeutscher Verhältnisse – der Ost-West-Konflikt, daneben Themen wie Zwangsprostitution, Kindesmissbrauch oder Organhandel, und jetzt der im Auslandseinsatz traumatisierte Bundeswehrsoldat.

Noch stärker lässt sich diese Tendenz in den USA nachzeichnen, wo der Kriegsheimkehrer nach dem ‚War on Terror‘

16 Vgl. einführend dazu Klaus Barre / Karl-Heinz Biesold: Militär. In: Andreas Maercker (Hrsg.): *Posttraumatische Belastungsstörungen*. Berlin: Springer 2013, S. 487–507, hier S. 494–505.

17 Im Unterschied zum vierten Schimanski-*Tatort*, „Muttertag“, der im Oktober 1998 gesendet wurde und zu großen Teilen in Kroatien spielt, handelt es sich hier um eine tatsächliche Rückkehrproblematik nach einem Auslandseinsatz.

wieder zu einer aktuellen Sozialfigur geworden ist, abzulesen an ihrem geradezu beiläufigen Auftreten in verschiedenen Krimiserien. In Produktionen von *CSI* bis *The Closer*, die alle pro Episode einen einzelnen Fall aufarbeiten (und in der Regel auch der *Just World Organization*[18] entsprechend lösen), haben in den letzten Jahren immer wieder Veteranen der vergangenen und aktuellen Konflikte (Irak, Afghanistan, Somalia) Eingang gefunden – entweder als Opfer[19] oder als Täter[20]. Denn der nach Hause zurückkehrende Soldat ist eine vielfach problematische Figur im Post-9/11-Amerika der *freedom fries*, wo einst mit einer *coalition of the willing* wortmächtig und tatkräftig gegen die *axis of evil* vorgegangen wurde. Neben seinen persönlichen und individuellen Traumata hat er wie zu Zeiten des Vietnamkrieges immer stärker an Vertrauen und Anerkennung in der Gesellschaft, aber auch an politischem Rückhalt verloren. Zwar wurde der umstrittene Krieg im Irak durch Präsident George W. Bush bereits Anfang Mai 2003 mit der „Mission Accomplished"-Inszenierung auf einem Flugzeugträger für beendet erklärt, doch fielen in den darauf folgenden

18 Sprich: Der Fall wird gelöst, das Verbrechen aufgeklärt, die Opfer gerächt und der Täter bestraft. Der Begriff der „Just World Organization" geht vor allem auf Brewer und Zillmann zurück, vgl. William F. Brewer: The Nature of Narrative Suspense and the Problem of Rereading. In: Mike Friedrichsen / Peter Vorderer / Hans J. Wulff (Hrsg.): *Suspense. Conceptualizations, Theoretical Analyses, and Empirical Explorations.* New York: Routledge 1996, S. 107–127, hier S. 114.

19 Neben vielen anderen Serien und Episoden seien hier nur beispielhaft aufgeführt: Der erschossene Kriegsheld in der *The Closer*-Episode „Armed Response" (S07/E20), der erstochene Jogger in der *Life*-Folge „Shelf Life" (S02/E17) sowie ein toter Irak-Veteran in der *CSI*-Episode „Toe Tags" (S07/E03) oder der *Navy CIS: L.A.*-Folge „Brimstone" (S01/E10).

20 Auch hier nur exemplarisch: Unter posttraumatischer Belastungsstörung leidende Veteranen als Mordverdächtige oder Mörder lassen sich etwa in den *Criminal Minds*-Episoden „Distress" (S02/E17) und der Doppelfolge „To Hell…" / „…And Back" (S04/E25–E26), der *Law & Order: Criminal Intent*-Episode „Gods and Insects" (S09/E05), sowie der *Navy CIS: L.A.*-Folge „Search and Destroy" (S01/E04) finden.

Jahren bis zum tatsächlich vollständigen Abzug der US-Truppen 2011 noch das über 30-fache an Soldaten.[21]

Eine britische Perspektive darauf findet sich in der BBC-Serie *Luther*, die gleich in der zweiten Episode der ersten Staffel auf den Einsatz der Streitkräfte in Afghanistan eingeht. Der traumatisierte Soldat Owen Lynch tötet Polizisten in London, angestiftet durch seinen im Gefängnis sitzenden Vater, wiederum Veteran aus dem Falklandkrieg. Unnachgiebig geht Owen seiner ‚Mission' nach, unter *combat stress* stehend und in seinem puritanischen Pflichtbewusstsein durchaus an den *Taxi Driver* Travis Bickle angelehnt. Der eigenwillige Ermittler DCI John Luther, durch den Fall des Serienmörders Henry Madsen selbst noch traumatisiert, erkennt in den Tathergängen gezielte Anschläge eines militärisch ausgebildeten Schützen; in mehreren Gesprächen unter den Polizisten wird die soziale Situation der Kriegsheimkehrer reflektiert. Und auch Owens Frau Rachel gibt zu Protokoll: „The man who came back wasn't the man who left."[22]

Die *Luther*- und *Tatort*-Episoden zeigen: Die Folgen des Krieges sind nun auch in Europa angekommen, und (fiktive wie extreme) Einzelbeispiele innerhalb einer Fernsehserie schärfen den Blick auf die gesellschaftlichen, nicht immer angenehmen Themen.

Der Kriegsheimkehrer als psychopathologischer Fall in *Sherlock*, *Grey's Anatomy* und *The Night Shift*

Damit wird auch eine der klassischen Veteranenfiguren der modernen britischen Literatur wieder aktuell – John Watson, der Assistent und Begleiter des Meisterdetektivs Sherlock Holmes, der dessen Fälle (als Erzählinstanz von Arthur Conan Doyles Geschichten) akribisch zu Papier brachte. Bereits der

21 Den knapp 140 gefallenen US-Soldaten stehen fast 4.500 getötete Kameraden nach Mai 2003 gegenüber; vgl. Casualty Status (PDF). http://www.defense.gov/news/casualty.pdf (Zugriff am 21.04.2015).

22 *Luther*, S01/E02, 10:58 min.

literarische Dr. Watson war Militärarzt während des Zweiten Anglo-Afghanischen Kriegs Ende der 1870er Jahre, wurde aber, wie er einleitend im ersten Sherlock Holmes-Roman (*A Study in Scarlet*) schreibt, durch eine Kugel verwundet und nach London zurückgebracht.[23]

Und so eröffnet gleich die erste Episode der BBC-Serie *Sherlock* mit einem Albtraum von Watson, einem grellen Flashback auf Gefechte, die den Militärarzt in seinem kargen Zimmer immer wieder heimsuchen. Durch den Einsatz in Afghanistan (nun im frühen 21. Jahrhundert und im Kontext des ‚War on Terror') nicht nur seelisch, sondern auch körperlich verwundet – Watson humpelt, auf einer Krücke gestützt – befindet er sich in therapeutischer Behandlung: „It's going to take you a while to adjust to civilian life."[24] Dabei ist es ausgerechnet die Begegnung mit dem kauzigen Sherlock Holmes (der in der ersten Folge überhaupt erst nach acht Minuten auftritt und Dr. Watson sogleich akribisch analysiert), die ihm bei der Wiedereingliederung in die Gesellschaft hilft: Watsons Internet-Blog und die Mitarbeit bei den Kriminalfällen geben ihm, einer ‚neuen Mission' nach dem Krieg gleich, wieder Halt. Eine ungewöhnliche, aber wohl durchaus erfolgreiche Zusammenarbeit, da Watsons körperliche und psychische Kriegsfolgen in späteren Episoden in den Hintergrund treten und die Sherlocks Bruder Mycroft Holmes zur passenden, wenn auch dramatischen, Zusammenfassung veranlasst: „You're not haunted by the war, Dr. Watson. You miss it."[25]

An der Figur eines traumatisierten Arztes zeigt sich aber auch die individuelle Machtlosigkeit gegenüber der Traumatisierung; wie der Helfer zum Opfer seiner eigenen Psyche wird, zeigt sich in der fünften Staffel der Krankenhausserie *Grey's Anatomy*, als Dr. Owen Hunt neuer Oberarzt am Seattle

23 Vgl. Arthur Conan Doyle: *A Study in Scarlet: A Sherlock Holmes Adventure.* London: HarperCollins 2014, S. 3–4.

24 *Sherlock*, S01/E01, 01:53 min.

25 Ebd., 40:10 min.

Grace Hospital wird.[26] Gerade frisch als Militärarzt aus dem Irak zurückgekommen, leidet er durch sein PTSD immer wiederkehrend unter Albträumen und Panikattacken, die seine Beziehung mit der Ärztin Cristina Yang stark belasten – so verletzt und würgt er sie etwa ungewollt im Schlaf.[27] Trotz der begonnenen Therapie kehren die traumatischen Erinnerungen (seriell) wieder, mit dem Höhepunkt der Episode „Suicide is Painless" (S06/E18), die durch Owens Flashbacks bestimmt wird.

Eine noch stärkere Fokussierung auf diese Problematik findet sich in der NBC-Serie *The Night Shift*, die um mehrere Ärzte des San Antonio Memorial Hospital kreist. Sie sind durch vorherige Militäreinsätze gezeichnet – neben Topher und Drew zentral vor allem TC Callahan, dessen Wiedereingliederung in den zivilen Alltag nach drei Einsätzen in Afghanistan durch Alkohol- und Glückspielprobleme erschwert wird. Auch er wird regelmäßig von Albträumen heimgesucht; zusätzlich lösen Ereignisse bei Rettungseinsätzen oder in der Klinik immer wieder neuerliche Flashbacks aus und führen ebenfalls zu unkontrollierten Gewaltausbrüchen.[28]

Die Ausgangssituationen dieser beiden Krankenhausserien zeigen aber auch, wie schwer es selbst Mediziner mit dem (eigenen) PTSD haben, wie sehr sie auf Unterstützung und Verständnis ihres Umfelds angewiesen sind – das Kriegstrauma ist ein zugleich hoch individuelles und gemeinschaftliches Problem.

Willkommen zurück!

Fernsehserien, so wird dem Quality-TV im Feuilleton lobend nachgesagt, zeigten gesellschaftliche Konflikte auf und bildeten die soziale Realität ab, mit einer gründlichen Intensität und

26 Bezeichnenderweise in der Episode mit dem Titel „Life During Wartime" (S05/E08).

27 Vgl. *Grey's Anatomy*, S05/E17, S05/E19.

28 Vgl. *The Night Shift*, S01/E08.

narrativen Experimentierfreude, die an den literarischen Realismus oder dem Roman der Moderne erinnere. Zugegeben, das Fernsehen kann das nicht besser als die Literatur oder der Spielfilm, anders eben, sicherlich aber massenkompatibler und epischer. Dies gilt nicht zuletzt auch für den aus dem Krieg kommenden Soldaten, einer zentralen Sozialfigur des frühen 21. Jahrhunderts: „Serienfiktion verschlüsselt die Dilemmata des Rückkehrers und schließt sie gleichzeitig fürs allgemeine Verständnis auf, und dafür müssen die Protagonisten weder in Camouflage gehüllt sein noch durch die Wüste robben."[29]
Die Heimkehr ist mehr als die bloße Ankunft zu Hause, sie ist ein Prozess, ein teils langer und anstrengender Weg in die Normalität. Gerade nach den Erfahrungen im Kampfeinsatz ist der Soldat von dieser existentiellen Ausnahmesituation geprägt und nicht selten traumatisiert. Und gerade diese Wunden sind es, die langsamer heilen als körperliche Verletzungen, vor allem dann, wenn die Gesellschaft ihn (oder sie) vergessen und verdrängt hat. So ist es längst nicht nur der brutale Kampf Mann-gegen-Mann im Ersten Weltkrieg (verarbeitet etwa in *Boardwalk Empire*), sondern auch die technologischen – ‚virtuellen'[30] – Kriege der vergangenen Jahrzehnte: Paradigmatisch ist es die Serie *Homeland*, die den traumatisierten Heimkehrer aus dem ‚War on Terror' in den Mittelpunkt rückt und mit ihm nicht nur unangenehme Fragen zum Krieg, sondern auch dessen psychologischen Nachbetreuung stellt. Und seine gesamtgesellschaftliche Brisanz zeigt sich ebenso wie die inzwischen feste Verankerung im zeitaktuellen Panorama anhand von exemplarischen Einzelfiguren und wortwörtlichen Fallgeschichten, abgehandelt vor allem

29 Haas: In den Stahlgewittern der Heimat, S. 29.

30 Vgl. Michael Ignatieff: *Virtueller Krieg. Kosovo und die Folgen.* Berlin: Rotbuch 2001. – Die Serie *Homeland* thematisiert das US-amerikanische Drohnenprogramm in der vierten Staffel ausführlich und sowohl inhaltlich (inklusive dem ‚Kollateralschaden' einer Hochzeitsgesellschaft), formal (gleich die erste Episode der Staffel trägt bezeichnenderweise den Titel „The Drone Queen") und sogar filmästhetisch (immer wieder gleicht der Kamerablick dem einer Überwachungsdrohne).

in Krankenhausserien wie *Grey's Anatomy* und *The Night Shift*, aber auch einmalig in US-amerikanischen Krimiserien von *CSI* bis *Life* oder dem deutschen *Tatort*.
Denn – und ausgerechnet mit dieser Dekonstruktion eines cineastischen Stereotyps schließt John Crawford seine Aufzeichnungen *The Last True Story I'll Ever Tell* – mit der Heimkehr aus dem Krieg ist der Kampf des Soldaten noch nicht beendet, sein Frieden noch nicht gefunden:

> War stories end when the battle is over or when the soldier comes home. In real life, there are no moments amid smoldering hilltops for tranquil introspection. When the war is over, you pick up your gear, walk down the hill and back into the world.[31]

31 John Crawford: *The Last True Story I'll Ever Tell. An Accidental Soldier's Account of the War in Iraq*. New York: Riverhead 2006, S. 220.

„No Place like Home“

Die Weggesperrten in *Oz*, *Orange is the New Black* und *About: Kate*

Markus Schleich

Mit dem Slogan „Gegen das Gefängnis und eine Gesellschaft, die es benötigt“ warb die Organisation Anarchist-Black-Cross-Wien für ihre alljährlichen Aktionstage im Jahr 2013.[1] Das mag nun eine ungewöhnliche Quelle sein, was aber nichts daran ändert, dass die hier aufgestellte These, Gefängnisse würden viel über die Gesellschaft aussagen, die sie institutionalisieren, eine durchaus interessante ist. Kombinieren ließe sich diese Einschätzung mit statistischen Erhebungen aus den Vereinigten Staaten, die belegen, dass bereits einer von hundert Einwohnern inhaftiert ist, wobei der Prozentsatz von 1 % auf 2,7 % ansteigt, wenn alle US-Bürger miteingerechnet werden, die bereits ein Gefängnis von innen gesehen haben – und dies nicht etwa bei einer musealen Führung oder einer öffentlichen Begehung.[2] Das entspricht etwa 5,6 Millionen US-Bürgern. Der Verfasser besagter Studie geht zudem davon aus, dass diese Zahlen noch erheblich steigen werden, von 2,7 % auf erschreckende 6,6 % – „[i]f incarceration rates

1 [Wien] Aktionstage: Gegen das Gefängnis und eine Gesellschaft, die es benötigt. https://linksunten.indymedia.org/de/node/101188 (Zugriff am 24.09.2014).

2 Thomas P. Bonczar: Prevalence of Imprisonment in the U.S. Population, 1974–2001. http://www.bjs.gov/content/pub/pdf/piusp01.pdf (Zugriff am 24.09.2014).

remain unchanged, 6.6% of U.S. residents born in 2001 will go to prison at some time during their lifetime"[3]. Wenn man als Berechnungsgrundlage die 318,81 Millionen US-Bürger heranzieht, dann wären das etwas mehr als 21 Millionen Insassen und Kurzzeithäftlinge.

Allein der Blick auf die nackten Zahlen macht deutlich, dass es sich hier um ein virulentes Phänomen der Gegenwart handelt. Und das nicht nur für die USA, sondern für die gesamte westliche Welt, schließlich sind die Gefängnisse z. B. in Norwegen derart überlastet, dass man mit dem Gedanken, überschüssige Gefangene in die Niederlande auszulagern, schon lange nicht mehr bloß spielt.[4] Aber Zahlen an sich erzählen noch keine Geschichte, sie erklären die Kausalitäten nicht und sind lediglich auf statistischen Erhebungen basierende Bestandsaufnahmen. Aber natürlich lassen sich diese Geschichten finden, und dies auch im Fernsehen. TV-Serien – denen Keith Stuart unlängst im *Guardian* attestierte, das einzige kulturell bedeutende (Massen-)Unterhaltungsmedium zu sein – haben den Anspruch, dem Publikum eben diese Geschichten des *modern life* zu erzählen.[5] Gefängnisse sind Teil des modernen Lebens, aber nicht unbedingt ein solcher Teil, über den man gerne oder überhaupt spricht. Heather Long kritisiert diese Tabuisierung und das damit verbundene Unwissen: „The public should understand our correctional system – and its financial and human costs – far better than we do now."[6] Als probates

3 Bonczar: Prevalence of Imprisonment in the U.S. Population, 1974–2001.

4 Silke Bigalke: Platzmangel in Norwegens Gefängnissen. Hinter schwedischen Gardinen. In: *Süddeutsche Zeitung*, 09.01.2014. http://www.sueddeutsche.de/panorama/platzmangel-in-norwegens-gefaengnissen-hinter-schwedischen-gardinen-1.1858656 (Zugriff am 24.09.2014).

5 Vgl. Keith Stuart: *GTA 5* Review: A Dazzling but Monstrous Parody of Modern Life. In: *Süddeutsche Zeitung*, 08.01.2014. http://www.theguardian.com/technology/2013/sep/16/gta-5-review-grand-theft-auto-v (Zugriff am 24.09.2014).

6 Heather Long: Everyone Should Watch the Netflix series Orange is the New Black. http://www.theguardian.com/commentisfree/2013/aug/03/netflix-orange-is-the-new-black-accurate-prison (Zugriff am 24.09.2014).

Mittel der öffentlichen Weiterbildung sieht sie Fernsehserien – und auch Lara Temple, ehemalige Vorsitzende des Verbandes Stop Prison Rape, ist mit dieser Einschätzung *d'accord*, wenn sie schreibt: „[A] single television program has the power to shape the cultural lens through which others view our work."[7]

Wenn Serien sich, wie so oft behauptet,[8] in ihrer Funktion als Gesellschaftsromane[9] unserer Zeit verstehen, dann ist ein Blick in die Gefängnisse sicherlich auch dahingehend interessant, dass dieser Blick viel über eine Gesellschaft aussagt, wen oder was sie ausschließt. Programmatisch ist hierfür sicherlich die Einschätzung von David Wilson und Sean O'Sullivan, die in Anlehnung an Fjodor Dostojewski zu dem Schluss kommen, dass sich der Stellenwert, den Zivilisation in einer Gesellschaft inne hat, sich am besten dadurch beurteilen lässt, dass man die Gefängnisse betritt.[10]

Oz

So betreten wir das erste Gefängnis dieses Essays, und es kann nicht wirklich erstaunen, am Anfang des sogenannten Qualitätsfernsehens[11] eine Serie zu finden, die in sechs Staffeln das Innenleben eines Gefängnisses skizziert und seziert. Die Rede ist von *Oz*, jener Serie, mit der HBO 1997 ihre erste eigene serielle Produktion vorstellte. *Oz* „provided a controversial,

7 Lara Stemple: Rape and Reality on HBO's *Oz*. An Advocate's Perspective. In: Merri Lisa Johnson (Hrsg.): *Third Wave Feminism and Television: Jane Puts it in a Box*. New York: Tauris 2007, S. 166–188, hier S. 167.

8 Vgl. Kim Akass / Janet McCabe: Debating Quality. In: Dies. (Hrsg.): *Qualitiy TV: Contemporary American Television and Beyond*. New York: Tauris 2007, S. 1–12, hier S. 5.

9 Vgl. Richard Kämmerlings: „The Wire". Ein Balzac für unsere Zeit. In: *Frankfurter Allgemeine*, 21.04.2015. http://www.faz.net/aktuell/feuilleton/buecher/the-wire-ein-balzac-fuer-unsere-zeit-1581949.html (24.09.2014).

10 Vgl. David Wilson / Sean O'Sullivan: *Images of Incarceration: Representations of Prison in Film and Television Drama*. Winchester: Waterside 2004, S. 154.

11 Vgl. Robert J. Thompson: Preface. In: Akass / McCabe (Hrsg.): *Qualitiy TV*, S. XVII–XX.

hyper-violent depiction of life inside a maximum security prison, complete with a weekly carnage of inmate fatalities, male rape and other prison violence“[12].

Dass Gefängnisse keine *per se* anheimelnde Orte sind, dürfte den interessierten ZuschauerInnen auch vor *Oz* klar gewesen sein, so dass der Untertitel der Serie, „No Place Like Home“, kaum einer Erklärung bedarf. Worum es geht, ist dabei schnell und einfach erklärt: Der Name ‚Oz‘ ist ein Kosename – obgleich jegliche Form des Diminutivs hier eigentlich fehl am Platz ist – für die Oswald State Correctional Facility, ein fiktives Hochsicherheitsgefängnis im Bundesstaat New York. Die Handlungsbögen sind durchaus komplex verschachtelt, aber das soll nicht Thema dieses Textes sein. Es geht um den Versuch, das Leben in einem Hochsicherheitsgefängnis abzubilden.

Die Handlung wird dadurch vorangetrieben, dass konstant Kriminelle, die wegen diverser Gewaltverbrechen zu langen Haftstrafen verurteilt wurden, in dieses System geschleust werden, das dadurch stets *in flux* bleibt. Eine Grundregel bei der Rezeption von *Oz* ist, dass man sich besser nicht zu sehr an die Neulinge gewöhnen sollte. Aber auch eine zu starke Bindung an Alteingesessene ist wenig ratsam, denn die meisten Häftlinge verlassen das Gefängnis in einem Leichensack. Man geht nicht, man *wird* gegangen und es entspricht der „gloves-off nature“[13] von *Oz*, dass der Prozess des ‚auf die Reise-Schickens‘ von einer schockierenden Brutalität gekennzeichnet ist.

So dürfen die ZuschauerInnen den Eindruck gewinnen, dass das Gefängnis hier eine durchaus sinnvolle Funktion erfüllt: die einer Art Sondermülldeponie für ‚degeneriertes Humanmaterial‘, das für die Gesellschaft bedrohlich ist. Wer könnte wollen, dass Figuren wie der Neonazi und Mörder Vernon Schillinger oder der Drogendealer und notorische Vergewaltiger Simon Adebisi sich frei in der Gesellschaft bewegten.

12 Wilson/ O’Sullivan: *Images of Incarceration,* S. 149.

13 Stemple: Rape and Reality on HBO’s *Oz*, S.167.

Diese – wie fast alle anderen Insassen – korrespondieren auf den ersten Blick mit Hobbes' Vorstellung des „homo homini lupus". Will man den „Krieg aller gegen alle"[14] verhindern, muss man ‚schadhafte' Elemente eben einschränken, bestrafen, also wegsperren.
Vertreten wird diese Position sicher mustergültig durch Governor James Devlin, der die Kriminellen für unerziehbar und von Grund auf verkommen hält, ihnen das Leben im Gefängnis so unangenehm wie möglich machen will und der wenig Probleme damit hat, wenn ‚shit happens', die Insassen sich also gegenseitig umbringen. Aus Devlins Perspektive lösen sich so einige Probleme nachhaltig: „Do not commit the crime if you cannot do the time", lautet ganz offensichtlich seine Devise.[15]
Wenn man also einen Blick auf das Innenleben von *Oz* wirft bzw. darauf, ob das Gefängnis als Transformator für seine Insassen dient und diese auf die Zeit zurück in der Gesellschaft vorbereitet, dann ergibt sich folgendes Bild:

> In effect, the show identifies prison as a failing institution. [...] Prison is shown as being no solution to the crime problem. It neither deters crime, nor rehabilitates its prisoners. There are no success stories in *Oz*. Prisoners rarely make it out of the institution alive. Those who do invariably come back.[16]

Das Gefängnis tut nichts für seine Insassen, niemand wird rehabilitiert oder resozialisiert. Denn die Menschen in Machtpositionen haben kein Interesse daran, die Kriminellen wieder in die Gesellschaft zurückzuführen, am liebsten würde man sie für immer wegsperren, wenn dies nur nicht so teuer wäre. Verbrecher hingegen, die Verbrecher töten, verkörpern sicherlich mustergültig eine „lokalisierte, unattraktive, politisch ungefährliche und wirtschaftlich folgenlose Kriminalität".[17]

14 Thomas Hobbes: *Leviathan*. Stuttgart: Reclam 1996, S. 115.

15 Wilson/ O'Sullivan: *Images of Incarceration*, S. 150.

16 Ebd., S. 154.

17 Michel Foucault: *Überwachen und Strafen. Die Geburt des Gefängnisses*. Frankfurt am Main: Suhrkamp 2009, S. 358.

Tatsächlich ließe sich Emmerald City – die in der Serie fokussierte Abteilung des Gefängnisses – als ein Ort begreifen, in dem kriminelle Individuen in einem semi-legalen ‚Survival of the fittest'-Contest gegeneinander antreten und ihre Gewaltbereitschaft somit wenigstens nur gegen ihresgleichen richten. Lara Stemple macht dies am Beispiel von sexuellen Übergriffen deutlich:

> One sticking point will always be the prisoner who „deserves" to be raped. Since, in contrast to global trends, Americans are comfortable sentencing people to death, surely the collective American ethos can permit us to believe that some inmates should be raped.[18]

Ist *Oz* also einfach nur eine wertkonservative Serie, die klar macht, dass denen, die Böses tun, Böses widerfährt? Wird hier also schlicht und einfach eine gesellschaftliche wie auch moralische Erwartungshaltung bedient? Das scheint aber nicht wirklich zu einem Format zu passen, das gerne und oft als Wegbereiter für Serien wie *The Wire* und andere Vertreter des Quality-TVs angeführt wird. Wenn *Oz* Vorreiter für die Bearbeitung der „großen Themen – sozialer Wandel, Reform, die Möglichkeit eines Individuums oder einer Gesellschaft zum Neuanfang"[19] und als „eine panoramatische Darstellung unserer Gegenwart"[20] fungieren soll, dann müsste es wahrlich erstaunen, dass die Serie die Grenzen zwischen Gut und Böse derart holzschnittartig skizzieren würde. Und sie tut dies auch nicht:

> Thus, *Oz* undermines stereotypes of (ethnically marked) criminality by overloading them to excess. The constant stream of such offenders suggests that this criminality, if it exists, must be social and structural, rather than simply the product of the acts of free-willed individuals.[21]

Und so verwundert es nicht, wenn einer der Protagonisten, Said, sich dafür ausspricht, nicht für bessere Gefängnisse,

18 Stemple: Rape and Reality on HBO's *Oz*, S. 185.

19 Kämmerlings: „The Wire".

20 Ebd.

21 Wilson / O'Sullivan: *Images of Incarceration*, S. 153.

sondern an einer besseren Gesellschaft zu arbeiten.[22] Dadurch verweigert sich die Serie Hobbes' Vorstellung des Menschen als gefährliche Bestie,[23] sie scheint eher Rousseaus Überlegungen zum Wesen des Menschen zu teilen, dass es einer Gesellschaft bedarf, die aggressive Prädispositionen fördert und schult, denn „erst die Gesellschaft bringt den in ihm schlummernden Keim des Bösen zur Entfaltung und ermöglicht so den Amoklauf zur Selbstsucht"[24]. Durch radikale Gewaltexzesse – das Ganze wirkt fast wie ein letaler Durchlauferhitzer – innerhalb des Gefängnisses wird vor allem deutlich, dass es keinen Unterschied macht, ob die Figuren frei herumlaufen oder weggesperrt sind, einfach weil auch das Gefängnis nach ähnlichen Konventionen strukturiert ist, wie die Welt ‚da draußen'.

Das Gefängnis in *Oz* scheitert schlussendlich daran, dass es nicht gelingt, den Sträflingen einen ‚neuen' Raum zu bieten. Sie kommen aus einem Subsegment der Gesellschaft und werden in ein Gefängnis verlagert, das nicht nur dieses Subsegment abbildet, sondern als Katalysator krimineller Energie fungiert. Es bleibt alles beim Alten, da es zwischen den topologischen Kategorien von Drinnen und Draußen keinen Unterschied gibt. Das Gefängnis schützt weder die Gesellschaft vor Straftätern – *Oz* zeigt eindrucksvoll, dass die Gesellschaft quasi ununterbrochen neue Kriminelle generiert – und schützt im Umkehrschluss auch die Sträflinge nicht vor der Gesellschaft.

22 Ebd., S. 154.

23 Vgl. Alexander Schwan: Politische Theorien des Rationalismus und der Aufklärung. In: Hans-Joachim Liebers (Hrsg.): *Politische Theorien von der Antike bis zur Gegenwart.* Bonn: Bundeszentrale für politische Bildung 1991, S. 157–258, hier S. 182.

24 Peter Cornelius Mayer-Tasch: *Hobbes und Rousseau.* Aalen: Scientia 1991, S. 21.

About:Kate

Es gibt aber auch ein serielles Beispiel dafür, dass der Akt des Wegsperrens selbst eine schützende Funktion für jene aufweisen kann, die sich vor der Gesellschaft in Sicherheit zu bringen suchen. Die Rede ist hier von *About:Kate*, einer deutsch-französischen Koproduktion, über Kate Harff, eine junge Frau Anfang 30, die sich an einem Silvesterabend in die Psychiatrie einweist. Dies ist eine Flucht vor der Welt ‚da draußen', der sich die Protagnistin nicht mehr gewachsen fühlt und von der sie eine Pause benötigt.[25]

Dabei ist es tatsächlich nichts Besonderes, wenn sich jemand selbst einweist. Zwar werden pro Jahr etwa 145.000 Zwangseinweisungen vorgenommen, was eine verschwindend geringe Menge ist, denn

> [d]ie meisten Patienten gehen in Deutschland aus freien Stücken in eine psychiatrische Klinik. Insgesamt gab es laut Statistischem Bundesamt im Jahr 2011 knapp 1,2 Millionen Menschen, die sich aufgrund einer psychischen Erkrankung oder einer Verhaltensstörung behandeln ließen. Wer freiwillig […] kommt, darf auch freiwillig wieder gehen.[26]

Wenn man bedenkt, dass sich in Deutschland laut Statistischem Bundesamt lediglich 76.181 Personen in Haft befinden,[27] aber über eine Million freiwillig den Weg in die Geschlossene Anstalt antreten, dann darf es nicht verwundern, dass auch Serienmacher sich mit der Frage beschäftigen,

25 Vgl. Ursula Käser: Wieso sind Psychos und Irrenhäuser so faszinierend? http://www.migrosmagazin.ch/menschen/kolumne/the-screensavers/artikel/wieso-sind-psychos-und-irrenhaeuser-so-faszinierend (Zugriff am 24.09.2014)

26 Sybille Möckl: Das passiert nach einer Einweisung in die Psychiatrie. In: *Focus*, 10.08.2013. http://www.focus.de/gesundheit/ratgeber/psychologie/krankheitenstoerungen/tid-32840/festgeschnallt-ruhiggestellt-und-isoliert-mollath-ist-kein-einzelfall-das-passiert-nach-einer-einweisung-in-die-psychiatrie_aid_1067494.html (Zugriff am 24.09.2014).

27 Statistisches Bundesamt: Rechtspflege. https://www.destatis.de/DE/Publikationen/Thematisch/Rechtspflege/StrafverfolgungVollzug/BestandGefangeneVerwahrtePDF_5243201.pdf?__blob=publicationFile (Zugriff am 24.09.2014).

warum das so ist – gewährt dieser Prozess doch abgründige Einblicke hinter die Fassaden der Gesellschaft.[28]

Nun ist *About:Kate* nur bedingt mit *Oz* zu vergleichen. Weder Mord, Totschlag, Vergewaltigung oder andere Dauerthemen des eher unerfreulichen Gefängnisalltags sind hier von Bedeutung. Aber dennoch mag die Serie etwas über jene aussagen, die sich der Gesellschaft entziehen oder ihr entzogen werden. War es früher so, dass „ausschweifende, verschwendungssüchtige Väter, verlorene Söhne, Gotteslästerer [...], ‚von Sinnen geratene' Leute, Menschen mit ‚zerrüttetem Geist' und ‚Personen, die völlig verrückt geworden sind'"[29] eingewiesen wurden, so bewirbt das Fachportal *Navigator Medizin* die Vorzüge einer Selbsteinweisung im Hier und Jetzt mit den Worten: „Die stationäre Aufnahme bietet Menschen [...] einen behüteten Rückzugsort, um zur Ruhe und Besinnung zu kommen und adäquat medizinisch behandelt werden zu können."[30] Hier kommt zum Tragen, dass das Leben im 21. Jahrhundert derart komplex und unüberschaubar geworden ist, dass es zu einem Identitätsverlust kommen kann. Die Protagonisten Kate Harff von *About:Kate* weiß nicht mehr genau, wie sie zwischen ihrer analogen und digitalen Identität unterscheiden kann und ob ihre Ziele ihre eigenen sind oder ihr von der Gesellschaft aufgezwungen werden.[31]

Hier geht es zwar nicht um die Frage, ob Kate böse oder gut ist, auch nicht, ob sie kriminell ist, sondern ob die Gesellschaft, gerade in ihrer digitalen Form, sie zerstört. Aber anhand des virtuellen Identitätsverlusts, der ganz analoge Folgen mit sich bringt, ließe sich einiges über die Gesellschaft sagen, der Kate

28 Vgl. Käser: Wieso sind Psychos und Irrenhäuser so faszinierend?

29 Michel Foucault: *Wahnsinn und Gesellschaft. Eine Geschichte des Wahns im Zeitalter der Vernunft.* Frankfurt am Main: Suhrkamp 2007, S. 99.

30 Was ist bei einer Einweisung in die Psychiatrische Klinik zu befürchten? http://www.navigator-medizin.de/depression/die-wichtigsten-fragen-und-antworten-zu-depression/stationaere-therapie/483-was-ist-bei-einer-einweisung-in-die-psychiatrische-klinik-zu-befuerchten.html (Zugriff am 24.09.2014).

31 Vgl. Marion Bergmann: Der große Psychotest. In: *taz*, 27.04.2013. http://www.taz.de/!115175/ (Zugriff am 24.09.2014).

entspringt. Denn „Kate Harff wohnt in Berlin, liebt besonders ältere Filme, mag das Rolling Stone Magazine, aber auch ‚Freimodekultur der FH Bielefeld', steht auf Indiemusik und Kunst".[32] In der Welt von *Oz* hätte sie sicher keinen leichten Stand, sie gehört dort auch nicht wirklich hin. Aber wenn eine Figur wie Kate das Gefühl hat, fremdgesteuert zu sein, dann darf im Zuge einer interpersonalen Generalisierbarkeit gefragt werden, wieso das nicht auch für die Insassen von Emmerald City gelten dürfte. Wenn eine gut gebildete junge Frau aus der bürgerlichen Schicht sich nicht mehr für ihr Handeln zu verantworten weiß, warum sollte das bei den Figuren aus *Oz* anders sein?
Interessant an Kate ist, dass sie sich selbst der Gesellschaft zu entziehen sucht. Die Bewegung hier ist gegenläufig zur *Oz*, nicht die Gesellschaft sondiert aus, was ‚schadhaft' ist, sondern ein Individuum sucht Schutz vor gesellschaftlichen Überschreibungsversuchen. Natürlich ist eine geschlossene Anstalt nach wie vor keine idyllische Urlaubsdestination, die Serie betrachtet aber auch mögliche positive Effekte und wirft die Frage auf, inwiefern der Akt des sich-selbst-Wegsperrens nicht auch die Funktion des etwas-anderes-Aussperrens besitzen könnte. Somit wird thematisiert, inwiefern Gefängnisse bzw. Psychiatrien als Heterotopien tatsächlich nach Regeln funktionieren können, die zwar in der Gesellschaft verortet sind, aber gleichzeitig aus ihr herausfallen und somit denjenigen Raum bieten, in denen das Individuum zu sich selbst finden kann. Das ist in *Oz* nicht möglich; hier ist das Gefängnis keine Heterotopie, sondern lediglich eine Extension der Gesellschaft.

Orange is the New Black

Man kann sicherlich argumentieren, dass es einen Unterschied macht, ob man eingesperrt wird oder sich selbst einweist. Das letzte Beispiel, *Orange is the New Black*, zeigt eindrücklich, dass Strafen durchaus zu einer Rehabilitierung führen

32 Bergmann: Der große Psychotest.

kann. Basierend auf den Memoiren von Piper Kernan, die in der Serie Chapman heißt, ließe sich die Handlung wie folgt zusammenfassen: Piper Chapman ist eine knapp dreißigjährige, weiße Amerikanerin, die aus dem gut situierten Bildungsbürgertum kommt, mit einem erfolglosen jüdischen Schriftsteller verlobt ist und mit ihrer besten Freundin hochpreisige Edelseife vertreibt. Ihr Leben ist geprägt von zu viel Auswahl und einem hohen Sicherheitsbedürfnis. Allerdings holt sie ihre Vergangenheit ein. Mit Anfang 20 hatte sie eine Affäre mit einer Drogenschmugglerin, in deren Machenschaften sie verwickelt war und welche nun verhaftet und angeklagt wird und Chapman als Komplizen denunziert. Um ein Gerichtsverfahren zu vermeiden, stimmt sie einem Vergleich zu und wird für 15 Monate inhaftiert.[33]

Der Serie gelingt dabei, einerseits aufzuzeigen, dass Gefängnisse als Institutionen mit ihren Aufgaben überfordert sind, aber auch etwas für ihre Insassen tun können: Raum schaffen für Selbstreflexion. Chapman bedauert zwar zutiefst, vom Luxus ihres Lebens abgeschnitten zu sein, sie lernt aber auch, dass ihr Leben so stark von gesellschaftlichen Konventionen bestimmt wird, dass sie sich selbst in einem Leben verloren hat, das von der Frage bestimmt wird, welche Fruchtsäfte man für hygienische Reinigungsrituale nutzen könnte. Matthew Wolfson bezeichnet das Ganze als ein „yuppie coming-of-age narrative superimposed on a story about the people who end up in prison and the tools they develop to survive there“[34]. Dabei ist aber eigentlich von größerer Bedeutung, dass Chapmans Inhaftierung eine Distanz zu ihrem alten Leben aufbaut: „The friction between Piper and her raw new situation implicitly backlights her friends' padded, unfocused lives.“[35]

33 Vgl. Matthew Wolfson: Orange Is the New Black: Season One. http://www.slantmagazine.com/tv/review/orange-is-the-new-black-season-one (Zugriff am 24.09.2014).

34 Ebd.

35 Ebd.

Wie gerechtfertigt ihre Strafe ist, darüber schweigt die Serie sich aus, von größerer Bedeutung ist, dass die Figur sich über ihre eigene Identität im gesellschaftlichen Kontext bewusst wird. Die Serie nutzt ihre Protagonistin, um ihr Publikum in das für die meisten ZuschauerInnen wohl unbekannte Umfeld des Gefängnisses einzuführen, vor allem aber nutzt sie die dadurch entstehende Problematik der Alterität, um den ZuschauerInnen aufzuzeigen, was im Gefängnis absent ist: Die ‚normale' Gesellschaft. Und so wundert es nicht, dass die Sympathie der RezipientInnen nicht bei den verwöhnten ‚Gutbürgern' landet, die in ihren von Privilegien diktierten Lebensentwürfen zu Dronen der Selbstzufriedenheit verkommen. Es kommt zu einer Verschiebung der Sympathie:

> But what makes this series work is that while the audience starts by seeing the prison world through her eyes and that of her privileged family and friends (including her fiancé Larry who writes about their relationship for the *New York Times*), by the end, our sympathies are a lot stronger for some of the other inmates.[36]

Was all diese Serien also eint, so unterschiedlich sie in ihren Settings und erzählerischen Verfahren sind, ist, dass sie auf den ersten Blick etwas über den Zustand der Weggesperrten aussagen, über ihren Lebensalltag und die Widrigkeiten, die mit dem Ausschluss aus der Gesellschaft verbunden sind. Wahrscheinlich lernen die ZuschauerInnen auch einiges über den Zustand von Gefängnissen und Psychiatrien. Diese Orte sind „No Place like Home", wie der Untertitel von *Oz* es nennt, aber dadurch entsteht ein kontrastierender Effekt über das Selbstverständnis darüber, wie das „Home" eigentlich beschaffen ist. Es wird also primär die Gesellschaft durchleuchtet und als ein sehr viel desolateres Konglomerat aus gescheiterten Figuren gebrandmarkt, dessen Kollektivversagen geschlossene Einrichtungen überhaupt erst nötig macht. Keine der Serien glaubt an das Schlechte im Menschen, auch nicht unbedingt an das Gute; vielmehr kritisieren sie Systeme,

36 Long: Everyone Should Watch the Netflix Series *Orange is the New Black*.

die erst dann ansetzen, wenn es zu spät ist, und jene Mechanismen, die erheblich dazu beitragen, dass Individuen in der Gesellschaft marginalisiert werden. Foucault argumentiert in Bezugnahme auf *L'Humanitaire*, eine kommunistische und antiautoritäre Zeitschrift von 1841:

> Den Ausgangspunkt der Delinquenz sehen sie [die Autoren von *L'Humanitaire*] nicht im kriminellen Individuum (das nur ihr Anlaß oder ihr erstes Opfer ist), sondern in der Gesellschaft: „Der Mensch, der tötet, ist nicht frei, es nicht zu tun. Der Schuldige ist die Gesellschaft oder richtiger: die schlechte Organisation der Gesellschaft." Weil diese nämlich nicht imstande ist, [...] grundlegenden Bedürfnisse zu befriedigen oder weil sie Möglichkeiten, Strebungen und Anforderungen unterdrückt, die sich dann in Verbrechen Luft machen.[37]

Gefängnisse und geschlossene Anstalten sind Auswüchse einer Gesellschaft, die sich damit zufrieden gibt, Symptome zu behandeln, ohne sich intensiver mit den Auslösern zu beschäftigen. Dies mag dem Umstand geschuldet sein, dass die Auseinandersetzung mit den Missständen einige unbequeme Wahrheiten zu Tage fördern dürfte: Der Akt des Wegschließens bzw. Aussperrens zeugt von dem Glauben, einem extern ausgelösten Phänomen durch medikamentöse Maßnahmen oder chirurgisch operative Eingriffe Herr werden zu können, wobei die Serien den Sachverhalt ähnlich wie Foucault doch eher als etwas zu begreifen scheinen, dessen Ursachen eher intern als extern zu suchen sind.
Somit scheint die von Heather Long unlängst im *Guardian* formulierte Einschätzung einiges an Gültigkeit zu besitzen, wenn sie schreibt: „There's also a lot of truth about our society – inside and outside the prison walls."[38]

37 Foucault: *Überwachen und Strafen*, S. 370.

38 Long: Everyone Should Watch the Netflix Series *Orange is the New Black*.

„Family. Redefined"

Die Brotverdiener in *Shameless*, *Breaking Bad* und *Hustle*

Julien Bobineau

1. Einführung

Die Auswirkungen der Finanzkrise von 2008 sind noch heute allgegenwärtig. Nachdem sich auf dem US-amerikanischen Immobilienmarkt im Vorfeld der Krise eine Spekulationsblase gebildet hatte und diese mit der Konsequenz fallender Immobilienpreise schließlich platzte, hatte dies für viele Hausbesitzer eine private Überschuldung zur Folge. Die Schulden der Hypotheken überstiegen in der Folge den eigentlichen Wert der Immobilien und führten zu Armut, Arbeitslosigkeit und einer anhaltenden Depression.[1] Das bestehende globalisierte Weltwirtschaftssystem wurde von gesellschaftlichen Kräften in Frage gestellt. Das Vertrauen in große Finanzinstitute – wie z. B. die US-amerikanische Investmentbank Lehman Brothers – wurde stetig geringer.[2] Und das nicht ohne Grund: Die Sachverständigen des Finanzausschusses des Deutschen Bundestag vertraten im Jahre 2010 rückblickend den Standpunkt, dass

1 Vgl. Joseph Stiglitz: *Im freien Fall. Vom Versagen der Märkte zur Neuordnung der Weltwirtschaft*, aus d. Engl. v. Thorsten Schmidt. München: Siedler 2010, S. 27.

2 Vgl. Nick Lin-Hi / Andreas Suchanek: Eine wirtschaftsethische Kommentierung der Finanzkrise. In: *Forum Wirtschaftsethik* 17,1 (2009), S. 20–27, hier S. 24–27.

die Finanzkrise durch das „fehlgeleitete Vergütungssystem"[3] jener Banken wie Lehman Brothers begünstigt worden sei, die Anreize für eine höhere Risikobereitschaft auf Seiten der Banker geschaffen hatten.[4] Vielfach wurde vor diesem Hintergrund von einem „moral failure"[5] oder einer „Krise unserer Moral"[6] gesprochen, also einem weitreichenden Verstoß gegen diejenigen sozialen Normen zur Verhaltenskontrolle, die sich als individuelle Selbstüberzeugungen – teils kodifiziert, teils nicht-kodifiziert – in unseren Gesellschaften etabliert haben.[7] Den Verstoß gegen diese Normen sahen viele Beobachter v. a. in der wachsenden Kluft zwischen den hohen privaten Gewinnen einiger weniger Akteure und dem sozialem Nutzen für das Gemeinwohl oder in der fehlenden Bindung von hohen Managergehältern und Bonuszahlungen an nachhaltige Ziele.[8] In den Medien kursierte mit dem *moral hazard*-Begriff eine Bezeichnung für den bereits genannten Anreiz zu riskanten Handlungen, sofern die negativen Folgen bei Misserfolg nicht vom handelnden Verursacher selbst, sondern von einer Gemeinschaft getragen werden, während der Handelnde im Erfolgsfall die Gewinne meist allein verbucht.[9] Jenes Verhalten wird insbesondere in den von einer theologischen Ethik geprägten USA – wo bspw. Ethik-Codices als

3 Deutscher Bundestag: „Zu hohe Banker-Boni eine Krisenursache". http://www.bundestag.de/dokumente/textarchiv/2010/29950150_kw23_finanzen/201832 (Zugriff am 17.02.2015).

4 Vgl. ebd.

5 Arnold Kling: The Financial Crisis: Moral Failure or Cognitive Failure? In: *Harvard Journal of Law & Public Policy* 33,2 (2010), S. 507–518, hier S. 507.

6 Gertrud Höhler: Wirtschaftsethik muss jetzt zur Chefsache werden. In: *Die Welt*, 27.11.2010. http://www.welt.de/debatte/kommentare/article11254499/Wirtschaftsethik-muss-jetzt-zur-Chefsache-werden.html (Zugriff am 17.02.2015).

7 Vgl. Bernard Gert: The Definition of Morality. In: Edward N. Zalta (Hrsg.): *The Stanford Encyclopedia of Philosophy*. http://plato.stanford.edu/archives/fall2012/entries/morality-definition (Zugriff am 17.02.2015).

8 Vgl. Kling: The Financial Crisis, S. 507–508.

9 Vgl. Moral Hazard. In: *Gabler Wirtschaftslexikon*, hrsg. v. Katrin Alisch. 16., vollst. überarb. u. aktual. Aufl. Wiesbaden: Gabler 2004, S. 2086–2087.

Festschreibung moralischer Werte in der Politik und auch in der Privatwirtschaft insbesondere seit den 1950er Jahren eine herausragende Bedeutung tragen oder Staatsbedienstete beim Schwur auf die Verfassung eine Gemeinwohlverpflichtung eingehen müssen – generell als Verstoß gegen die geltenden Normen der Nächstenliebe zur Förderung bzw. zum Schutz des Gemeinwohls eingestuft, insbesondere dann, wenn die riskanten Handlungen wie im Zuge der Finanzkrise 2008 zu negativen Folgen auf Kosten unbeteiligter Dritter führen.[10] Im gesellschaftlichen und medialen Diskurs der USA und Europas reifte das Bild des ‚habgierigen Bankers', der trotz der verheerenden Konsequenzen riskanter Spekulationen auf Kosten anderer mit Bonuszahlungen belohnt wurde.[11] Das Stichwort der (Hab-)Gier als egoistischer und übersteigerter Drang nach materiellen Dingen zählte nach Oliver E. Kuhn zu den negativ besetzten Schlüsselbegriffen im Diskurs der Finanzkrise: „Es [d.i. das Stichwort der Gier] erklärt die Finanzkrise aus der Verletzung von Normen, auf einem Kontinuum vom Verstoß gegen moralische Werte bis zum offenen Rechtsbruch."[12] Im weiteren Diskurs wurde die Furcht in den westlichen Gesellschaften erkennbar, wonach die geltenden moralischen Maßstäbe des gemeinschaftlichen Zusammenlebens durch die im Zuge der Finanzkrise stark zum Tragen kommende Zügellosigkeit der Bankenwelt, die im Blickwinkel von Medien und der Gesellschaft als rücksichtloses Gewinnstreben dargestellt

10 Vgl. zur Ethik-Infrastruktur in den USA Nathalie Behnke: *Ethik in Politik und Verwaltung. Entstehung und Funktionen ethischer Normen in Deutschland und den USA*. Baden-Baden: Nomos 2004, S. 137–207.

11 Vgl. zum Diskurs der Finanzkrise 2008 in Gesellschaft und Medien v. a. Anja Peltzer / Kathrin Lämmle / Andreas Wagenknecht (Hrsg.): *Krise, Cash & Kommunikation. Die Finanzkrise in den Medien*. Konstanz et al.: UVK 2012; Oliver E. Kuhn: *Alltagswissen in der Krise. Über die Zurechnung der Verantwortung für die Finanzkrise*. Leipzig: Springer VS 2013.

12 Ebd., S. 147. Die Habgier wird in den westlichen Gesellschaften überdies seit jeher als negative und ‚unmoralische' Eigenschaft angesehen. So ist die *avaritia* (Geldgeiz, Habgier) in der klassischen Katholischen Theologie als Todsünde klassifiziert oder gilt bspw. in der deutschen Strafrechtslehre als täterbezogenes Mordmerkmal nach § 211 StGB.

wurde, außer Kraft gesetzt werden könnten. Diese spürbare Verunsicherung spitzte sich in der Gesellschaft daraufhin diskursiv auf folgende Frage zu: Warum sollte sich der ‚ehrliche' Brotverdiener weiterhin an den moralischen Grundsätzen demokratischer Gemeinschaften orientieren, während Investmentbanker diese bewusst ignorierten und trotzdem mit großzügigen Boni-Zahlungen belohnt wurden?
Gleichzeitig kehrte vor dem Hintergrund des oben beschriebenen *moral failure* eine als überholt bezeichnete Mikro-Gemeinschaft zurück in das Zentrum des weiblichen und männlichen Brotverdieners – die Familie. Grundsätzlich gibt es in Bezug auf den komplexen Familienbegriff zwei unterschiedliche Kriterien: Die engere Definition geht von einer Verwandtschaft durch Blutsverwandtschaft oder Ehe aus, während sich die erweiterte Definition auf den wandelbaren Begriff der Haushaltsgemeinschaft stützt.[13] Gerade in Krisenzeiten „[…] konfiguriert sich eine ‚neue' Armut, in der ‚alte' Zwänge zur Solidarität aus Not wieder auferstehen. Hier ist die Paarbeziehung oft – wie in früheren Generationen – eine Agentur zum Überleben."[14] Die Maxime ‚Zurück zur Familie' ist dabei in vielen Ländern zu beobachten, die von den Folgen der Wirtschaftskrise betroffen sind. Das zunehmende Erstarken der Familie ab 2008 besteht aus zwei Komponenten: Einerseits ist der familiäre Raum durch eine konstante Solidarität gekennzeichnet, die dem Familienmitglied in Krisenzeiten als moralisch verlässliches, soziales Netz dient. Andererseits ist die Institution ‚Familie' in Phasen von Wirtschaftsmiseren anfällig für existenzielle Bedrohungen von außen.
Dieser Beitrag soll beleuchten, wie sich das Handeln der ‚Brotverdiener' in zeitgenössischen TV-Serien als Abbild

13 Vgl. Sebastian Schinkel: *Familiäre Räume. Eine Ethnographie des ‚gewohnten' Zusammenlebens als Familie*. Bielefeld: Transcript 2013, S. 29.

14 Reinhard Sieder: Der Familienmythos und die romantische Liebe in der *condition postmoderne*. In: Jürgen Hardt et al. (Hrsg.): *Sehnsucht Familie in der Postmoderne. Eltern und Kinder in Therapie heute*. Göttingen: Vandenhoeck & Ruprecht 2010, S. 45–71, hier S. 66.

der Gesellschaft im Kontext der globalen Finanzkrise 2008 deuten lässt. Dabei finden das im medialen und gesellschaftlichen Diskurs thematisierte *moral failure* in Bezug auf den Broterwerb und der wachsende Stellenwert der Familie besondere Beachtung. Mit den amerikanischen Produktionen *Shameless* (seit 2011) und *Breaking Bad* (2008–2013) sowie dem britischen Format *Hustle* (2004–2012)[15] wurden hierfür drei Serien gewählt, deren Protagonisten ihren finanziellen Unterhalt vornehmlich durch kriminelle Aktivitäten bestreiten und damit eine klassische Familie oder einen familienähnlichen Verbund finanzieren. Nach einer kurzen inhaltlichen Einführung in die Thematik der einzelnen Serien steht die Art des Broterwerbs im Fokus der Betrachtungen. Dabei soll in Einzelanalysen die Frage beantwortet werden, ob sich die sozialen und wirtschaftlichen Auswirkungen der Finanzkrise in den Motiven der kriminellen Handlungen widerspiegeln und mit welchen Mitteln dieser ‚Spiegel' gestaltet ist. Bedeutend ist an dieser Stelle die gesellschaftliche Bandbreite des Serien-Korpus: Während *Shameless* den schwierigen Alltag einer Großfamilie in der amerikanischen Unterschicht beschreibt und *Breaking Bad* Aspekte der unteren Mittelschicht in den USA behandelt, thematisiert *Hustle* das Verhalten von ausgestoßenen Figuren, die sich im Dunstkreis der britischen Oberschicht bewegen.

2. *Shameless* – Gelegenheit macht Arbeit

Die US-amerikanische Showtime-Produktion *Shameless* beschreibt in bislang fünf Staffeln den Lebensalltag einer amerikanischen Familie mit irischen Wurzeln, die in der amerikanischen Handelsstadt Chicago lebt. Familienvater Frank Gallagher ist Alkoholiker und missbraucht im Laufe der Handlung mehrfach Drogen und Medikamente. Die leibliche Mutter Monica leidet an einer bipolaren Störung, weshalb sie die Familie bereits nach der Geburt des letzten Sohnes

15 In Bezug auf die TV-Serie *Hustle* liegt das Augenmerk auf den Episoden, die nach 2008 erschienen sind.

verließ. Gegenüber ihren sechs Kindern Fiona, Phillip, Ian, Debbie, Carl und Liam zeigen die Eltern keinerlei Verantwortungsgefühl, sondern überlassen sie den Händen der ältesten Tochter Fiona, die sich daraufhin zum Familienoberhaupt entwickelt. Durch die Vernachlässigung gerät die Familie in finanzielle Schwierigkeiten: Da in den USA kein direktes Kindergeld gezahlt wird, sind die sechs Geschwister finanziell auf sich alleine gestellt. In ihrer Funktion als Familienoberhaupt übernimmt Fiona freilich die Finanzplanung. Doch ohne Schulabschluss und ohne Ausbildung kann sie lediglich Gelegenheitsjobs annehmen, deren schlechte Bezahlung nicht ausreicht. Deshalb verpflichtet Fiona ihre minderjährigen Geschwister, einen Teil zum Lebensunterhalt beizutragen.[16] Der hochintelligente Phillip dealt hierfür mit Drogen, stiehlt in Lebensmittelgeschäften und schreibt gegen Bezahlung die *College*-Aufnahmeprüfungen für Mitschüler. Debbie hütet im Sommer Kleinkinder und Carl entführt Hunde aus der Nachbarschaft, um von den Besitzern eine Belohnung zu erhalten. Die moralische Bewertung des (klein-)kriminellen Broterwerbs bleibt vor dem Hintergrund der existenzsichernden Funktion offen und wird dem Rezipienten überlassen.

Dabei ist der Ausweg aus der ökonomischen Misere zumindest in Sichtweite. Ein wesentlicher Teil der Handlung spielt in Canaryville, einem Vorort im südlichen Teil von Chicago, der als „one of the toughest neighborhoods“[17] bekannt ist. Arbeitslosigkeit, soziale Probleme und Kleinkriminalität prägen den Alltag des Viertels, sodass die Figuren durch die Raumkonstruktion im Sinne Jurij Lotmans semantisch besetzt sind.[18] Der Kontrast zu der nur knapp sieben Kilometer

16 Ab S03/E09 arbeitet Fiona erstmals als festangestellte Vertreterin für einen Plastikbecherproduzenten, verliert den Job in S04/E05 jedoch wegen eines (selbstverschuldeten) Drogenvorfalls.

17 James R. Barrett: Canaryville. In: *The Encyclopedia of Chicago*, hrsg. v. James R. Grossman / Ann Durkin Keating / Janice L. Reiff. Chicago / London: University of Chicago Press 2004, S. 120.

18 Vgl. Jurij M. Lotman: *Die Struktur literarischer Texte*. München: Fink 1972.

entfernten Innenstadt Chicagos könnte größer nicht sein: Hier befindet sich mit dem Chicago Board of Trade die größte Rohstoff- und Terminbörse der Welt.[19] Diese geographisch-semantische Trennlinie zwischen ‚Arm' und ‚Reich' symbolisiert den aktuellen Zustand der amerikanischen Gesellschaft. Diese Grenze wird in der Serie durch ein marodes, aber nicht weniger motiviertes Abbild der Krisenbanker überschritten. Denn der größte Feind der Familie Gallagher ist Vater Frank. Dieser greift regelmäßig in die Haushaltskasse, leert den Kühlschrank oder versetzt den Hausrat. An Frank zeigt sich, dass das *moral failure* der Finanzkrise auch die amerikanische Unterschicht erreicht hat, wenn Daniel Haas in Bezug auf die Figur des Vaters feststellt:

> Sollen die Banker doch ihre horrenden Gagen kassieren, am unteren Rand der Gesellschaft macht man es genauso. Auch Frank kämpft für Boni, für die er nichts getan hat, außer andere übers Ohr zu hauen.[20]

Frank wird somit zur Spiegelung der Habgier, wenn er – motiviert durch das habgierige Verhalten einiger Banker während der Finanzkrise – die Gesellschaft bestiehlt, die im Mikrokosmos u. a. durch seine eigene Familie symbolisiert wird. In dieser Notlage werden Vater und Mutter von ihren eigenen Kindern verstoßen und durch die Konstruktion eines erweiterten Familienbegriffes ersetzt: Im Hause der Gallaghers ist vom Drogendealer über den Zuhälter und das Waisenkind jeder willkommen, der Zuflucht vor den hereinbrechenden ökonomischen Bedrohungen sucht. Die erweiterte Familie rückt in erster Instanz an die Stelle der abwesenden Eltern. In zweiter Instanz ersetzt die Familie darüber hinaus den

19 Vgl. Nikolaus Piper: Tiefdruckgebiete und Terminkontrakte. Wie das Geschäft hier läuft, bekommt die ganze Welt zu spüren – doch die Spekulanten fühlen sich unschuldig an der Explosion der Lebensmittelpreise. In: *Süddeutsche Zeitung*, 15.05.2008, S. 3.

20 Daniel Haas: Der Abzocker verdient sich seinen Bonus auf der Straße. Familiendrama und Kapitalismusstudie in einem: In der Serie „Shameless" spielt William H. Marcy einen Ausbeuter des Wohlfahrtsstaates. In: *Frankfurter Allgemeine Zeitung*, 10.04.2013, S. 29.

amerikanischen Staat, von dem in Krisenzeiten kein Schutz zu erwarten ist. Diese staatskritische Haltung wird durch eine starke Metapher betont, wenn am Thanksgiving-Feiertag bei den Gallaghers mit einem selbst erlegten Weißkopfadler das Wappentier der USA zum Abendessen serviert wird (S02/E11). Die individualistische Maxime ‚Hilf dir selbst' wird zur Leitlinie einer vernachlässigten Unterschicht, die allerdings zwei unterschiedliche Ausprägungen annimmt: Während Franks Interpretation von Selbsthilfe zu einer egoistischen (Un-)Moral führt, die dem Gemeinwohl eher schadet als nutzt, wendet die ‚Großfamilienmanagerin' Fiona die Maxime zum Wohle ihrer Nächsten an. Die Großfamilie 2.0, die nicht mehr auf Verwandtschaftsverhältnissen aufgebaut ist und sich demnach fernab des idealisierten, US-amerikanischen Familienbildes positioniert, garantiert in dieser altruistischen Umsetzung der Maxime folglich soziale Sicherheit und moralische Konstanz.

3. *Breaking Bad* – Methamphetamin und eine sorgenfreie Zukunft?

Die US-amerikanische AMC-Serie *Breaking Bad* thematisiert den Alltag des Chemie-Lehrers Walter White, der einem Zweitjob in einer Autowaschanlage nachgehen muss und zudem nur schlecht krankenversichert ist. Nach einer Lungenkrebsdiagnose beginnt der beruflich gescheiterte Chemiker, die synthetische Droge Meth herzustellen, um eine Krebstherapie zu finanzieren und seiner Familie auch nach seinem Tod eine finanzielle Absicherung bieten zu können. *Breaking Bad* spiegelt dabei insbesondere die Ängste der unteren Mittelschicht in den USA und greift mit der Thematisierung des Gesundheitssystems und der Verarmung der Mittelschicht Tendenzen auf, die in den Vereinigten Staaten schon lange vor der Finanzkrise eine Rolle spielten und nach 2008 weiter verstärkt wurden: Im Kontext der globalen Krise und einem persönlichen Schicksalsschlag mutiert der gesetzestreue Bürger mit überdurchschnittlicher beruflicher

Qualifikation zum kriminellen Antihelden. Zunächst liegt der Gedanke nahe, dass die wirtschaftlichen Folgen der Finanzkrise, die Lungenkrebsdiagnose und das darauf folgend dargestellte Versagen des Gesundheitssystems sowie Walters Status als *working poor* (dt. Erwerbsarmer) den Protagonisten in eine unausweichliche Situation katapultieren und sein Leben determiniert erscheint. Als *working poor* werden diejenigen Personen bezeichnet, die trotz einer geregelten Erwerbstätigkeit als arm eingestuft werden und somit gezwungen sind, Zweit- oder Drittjobs anzunehmen, um überleben zu können.[21] Ein Bericht der US-Regierung zeigt, dass der Anteil der Erwerbstätigen mit Zweitjob in den Jahren 2008 und 2009 rasant anstieg.[22] Während der sogenannte *american dream* bei harter, ehrlicher Arbeit individuellen Wohlstand und sozialen Aufstieg für alle Bevölkerungsgruppen verspricht, verhält sich der reale Status der *working poor* gegenläufig und zeigt, dass der amerikanische Nationalethos – zumindest für Amerikaner mit Zweitjob – gescheitert ist. Die Hauptfigur aus *Breaking Bad* wird vor diesem Hintergrund bereits in der Pilotfolge zum Opfer des Gesellschaftssystems stilisiert. Walters individuelle Krisenlage bietet ihm offensichtlich keine andere Wahl, als mit Hilfe seiner ausgeprägten naturwissenschaftlichen Fähigkeiten illegale Drogen herzustellen. Brett Martin ist allerdings anderer Ansicht: „[…] Walter White was insistently, unambiguously, an agent with free will."[23] Mit seinen Handlungen verstößt Walter dabei gegen die geltenden moralischen Normen in den USA, die auf der Basis einer theologischen Ethik hier bis heute eine tragende Rolle spielen: Die Herstellung und der Vertrieb von Drogen ist unmittelbar an das körperliche und

21 Vgl. David K. Shipler: *The Working Poor. Invisible in America.* New York: Vintage 2004, S. ix.

22 Vgl. U.S. Bureau of Labor Statistics: A Profile of the Working Poor, 2010. http://www.bls.gov/cps/cpswp2010.pdf (Zugriff am 17.02.2015).

23 Brett Martin: *Difficult Men. Behind the Scenes of a Creative Revolution: From The Sopranos and The Wire to Mad Men and Breaking Bad.* New York: Faber & Faber 2013, S. 287.

seelische Leid der kaufenden Zielgruppe geknüpft, wodurch Walter dem Prinzip der Nächstenliebe versagt. Schließlich gewinnt die Habgier Überhand: Nachdem Walter die Summe erlangt, die er für die finanzielle Absicherung seiner Familie errechnet hatte, setzt er sein Dasein als Drogenkoch dennoch fort und steigt schließlich zum mächtigsten Methamphetamin-Hersteller in den südlichen USA auf. *Breaking Bad* erklärt den *american dream* nicht als gescheitert, sondern kehrt ihn nach Martin kurzerhand um, schließlich ist es das illegale Milieu, das ihm die Anerkennung entgegenbringt, die ihm als *working poor* verwehrt blieb:

> His journey became a grotesque magnification of the American ethos of self-actualization, Oprah Winfrey's exhortation that all must find and ‚live your best life.' What if, *Breaking Bad* asked, one's best life happened to be as a ruthless drug lord.[24]

Nachdem die illegalen Tätigkeiten zu Beginn bis zur Erreichung des *break even* zur Sicherung der familiären Existenz dienten, wird das Drogengeschäft für Walter in einer sukzessiven Entwicklung zum reizvollen, aber gefährlichen Spiel mit der US-amerikanischen Drogenbehörde DEA auf der einen Seite und den Drogenkartellen auf der anderen Seite. Damit fungiert Walter als direkte Spiegelung eines Figurentypus, der im Zuge des Diskurses um die Finanzkrise in Verruf geraten ist:[25] Der Spieler Walter wird zum Abbild des diskursiv kritisierten Spekulanten, dessen Motive sich in der Perspektive von Gesellschaft und Medien nicht primär durch Gewinnerwirtschaftung definieren, sondern vielmehr durch die reine Lust

24 Martin: *Difficult Men*, S. 268.

25 Vgl. hierzu Gerhard Lüdeker: Der Spekulant als Sündenbock und als Erlöser: Die Finanzkrise in Magnussons *Das war ich nicht* und Hasletts *Union Atlantic*. In: Peltzer / Lämmle / Wagenknecht (Hrsg.): *Krise, Cash & Kommunikation*, S. 195–208.

am Spiel.[26] Als „verantwortungsloser Hasardeur“[27] nimmt der Spekulant dabei negative Auswirkungen für Dritte in Kauf und wird gleichsam zur Personifizierung des *moral hazard*. So auch in *Breaking Bad*: Die Einkünfte des Spekulanten Walter werden direkt von der Gemeinschaft der Methamphetamin-Konsumenten finanziert, die ihrerseits wiederum durch den Konsum der Drogen die negativen gesundheitlichen Konsequenzen und damit das Risiko für Walters finanziellen Zugewinn trägt. Walter ist sich dessen bewusst, doch verdrängt er sein *moral hazard*-Handeln mit einem Argument, wenn er vorgibt, dass er ‚lediglich' an der Herstellung der Drogen beteiligt sei und niemanden zur Einnahme seines Produktes zwinge („But I'm a manufacturer, I'm not a dealer." (S03/E01)), während Konsumenten und Dealer die eigentliche Schuld an ihrem selbst gewählten Unheil treffe. Dennoch könnte der Rezipient ein gewisses Maß an Sympathie für den Antihelden Walter aufbringen, da er sich als Familienvater schützend vor seine Familie stellt und dort, wo der Staat versagt (Arbeitsmarkt, Sozialsystem, Krankenversicherung), selbst an dessen Stelle tritt. Die Familie wirkt dabei allerdings nur zu Beginn der Handlung als stabiler Raum und wird stetig bedroht: Die Affäre von Walters Ehefrau Skyler mit Ted Beneke – einem geschiedenen Geschäftsmann, für den Skyler als Buchhalterin arbeitet – und die drohende Scheidung sind die ersten Belege hierfür. Spätestens als Skyler die Geschäfte der Autowaschanlage übernimmt, die Walters Drogengelder ‚wäscht', ist die Familie White an einem Wendepunkt angelangt. Einzig Walter Junior bleibt in dieser zweifelhaften Welt als konstante Reflexionsfigur erhalten, die im Grunde gleichzeitig auch die Ursache

26 Vgl. Urs Stäheli: Der Spekulant. In: Stephan Moebius / Markus Schroer (Hrsg.): *Diven, Hacker, Spekulanten. Sozialfiguren der Gegenwart*. Frankfurt am Main: Suhrkamp 2010, S. 353–365, hier S. 356. Die Nennung der Spekulanten-Figur ist an dieser Stelle nicht denunziatorisch gemeint, sondern zielt darauf ab, den Charakter Walter White in die Tradition des Spekulantendiskurses seit der Mitte des 19. Jahrhunderts einzuordnen, die Stäheli außerordentlich kritisch und nachvollziehbar umschreibt.

27 Ebd., S. 353.

des moralischen Abstiegs seines Vaters verkörpert. Denn dieser begann das Drogenkochen ursprünglich nur deshalb, um seinen beiden Kindern eine Zukunft inmitten eines Systems zu ermöglichen, das nach seinem frühen Tod keine Absicherung für seine Familie vorgesehen hatte. Die Kombination aus Existenzängsten, moralischem Abstieg und der impliziten Aufforderung zur Verwirklichung des amerikanischen Traumes erschafft in *Breaking Bad* schließlich den Antihelden Walter White, der sich an den diskursiv repräsentierten moralischen Werten der Spekulanten orientiert und zu deren Spiegelbild wird.

4. *Hustle* – Das Robin Hood-Prinzip

Die britische BBC-Serie *Hustle* thematisiert in insgesamt acht Staffeln das Leben einer Trickbetrüger-Bande (engl. *grifter*) aus London, die meist wohlhabende, egoistisch handelnde, ausbeuterische und habgierige Typen mit z.T. aufwendigen Plänen um beträchtliche Geldsummen betrügt. Diese kriminell erwirtschafteten Gewinne geben die Betrüger in Teilen an ihre Auftraggeber weiter, die ihrerseits meist unverschuldet von den oben genannten Typen betrogen wurden und existenziell bedroht scheinen. Gleichzeitig finanzieren sich die fünf Protagonisten Michael Stone, Ashley Morgan, Albert Stroller, Danny Blue und Stacie Monroe[28] mit dem Überschuss der Betrügereien ein luxuriöses Leben. Durch ihren Status als Kriminelle befinden sich die Protagonisten als *outlaws* am Rand der Gesellschaft, verfolgen als sogenannte Sozialbanditen mit Berufsethos und Ehrenkodex jedoch einen übergeordneten Zweck.

Im Gegensatz zu den bereits analysierten, progressiven Formaten ist *Hustle* im Wesentlichen eine *Status-Quo*-Serie mit marginalen Entwicklungen auf der Ebene des *main plot.* Hierdurch rückt der jeweilige Trickbetrug in den Episoden als

28 Ab S05/E01 werden die beiden letztgenannten Figuren durch das Geschwisterpaar Sean und Emma Kennedy ersetzt.

Einzelereignis stärker in den Fokus, was die Aufmerksamkeit zugleich auf die Verkörperung der Betrogenen lenkt. Dabei arbeiten die Gestalter der Serie mit Hilfe narrativer Charakterisierungstechniken: Die Betrogenen sind stets Figuren, die als Personifikationen der ‚Habgier' dargestellt werden und ihr Vermögen zumeist mit moralisch fragwürdigen Geschäftspraktiken erworben haben – wie bspw. der Fußballagent Don Coleman (S07/E05), der junge Fußballtalente mit niedrig dotierten Knebelverträgen ausstattet und deren weitaus höheren Verdienste größtenteils in die eigene Tasche wirtschaftet. Die Raumstruktur der Serie begünstigt die Fokussierung auf solche Figuren, denn der wesentliche Handlungsort London zählt zu den größten internationalen Handels- und Finanzstandorten weltweit. Nach dem Crash 2008 avancierte London hierdurch gleichsam zum europäischen Epizentrum der Krise. Diejenigen Menschen, die im Finanzdistrikt arbeiteten, wurden im medialen Diskurs um die Finanzkrise zum internationalen Symbol der habgierigen Banker verklärt. Wenn sich die *grifter*-Bande in *Hustle* also auf einem solchen Terrain bewegt und potenzielle Opfer für einen Trickbetrug ausspäht, erscheint es unausweichlich, dass es dabei die ‚Richtigen' trifft – diejenigen, die im Diskurs durch ihre dargestellte Habgier für die Krise verantwortlich gemacht wurden.
Die Stilisierung der Betrogenen zu Betrügern an der Gesellschaft dient in *Hustle* als Rechtfertigungsstrategie und soll die *grifter* in den Augen der Rezipienten moralisch entlasten. Der Zuschauer wird mit der Frage konfrontiert, ob ein Diebstahl unmoralisch ist, wenn Diebe das Diebesgut anderer Diebe stehlen. Darüber hinaus lassen sich die Protagonisten häufig von Berufskollegen, Familienangehörigen und Bekannten anwerben, die durch das Zutun der habgierigen Gegenspieler in finanzielle oder gar lebensbedrohliche Notlagen geraten sind. Die narrative Grundkonstellation, wonach die *grifter* als *outlaws* den Armen und Schwachen helfen, indem sie die Reichen bestehlen, steht dabei deutlich in der heldenhaften, aber gleichsam romantisierten Robin Hood-Tradition des

Sozialbanditentums.[29] Während die *grifter* als Sozialbanditen von den Autoritäten verfolgt werden, sieht das ‚Volk' sie als „Held[en], Retter, Rächer und Kämpfer für Gerechtigkeit"[30] inmitten der Krise. Dieses narrativ verarbeitete Prinzip des Sozialbanditentums baut in *Hustle* auf zwei Familiendefinitionen auf. Der erste Familienbegriff ist dabei interner Art, denn die *grifter*-Bande dient ihren kriminellen Mitgliedern, die trotz ihrer edlen Programmatik allesamt aus der Gesellschaft ausgestoßen scheinen, als Ersatzfamilie. Die *grifter* wohnen gemeinsam in einer Hausgemeinschaft und teilen die erbeuteten Gelder gleichmäßig untereinander auf. Die Betrüger sorgen sich gegenseitig um ihr seelisches Wohlbefinden und gehen z.T. auch gemeinsamen Freizeitaktivitäten nach. Der zweite Familienbegriff gestaltet sich durch sein externes Wesen und umfasst dabei alle diejenigen Personen, die zu dem Kreis der Hilfesuchenden zählen – Kollegen, Bekanntschaften und entfernte Blutsverwandte. Für diese Personen riskieren die *grifter* hohe Gefängnisstrafen oder gar ihr Leben. Beide Familienbegriffe zeigen, dass die Gesellschaft mit einem gemeinsamen Feindbild vor Augen – dem Typus der Habgier – enger zusammenrückt und gar kriminelle Handlungen duldet, sofern sie gegen den gemeinsamen Feind gerichtet sind.

5. Fazit

Die Motive der Protagonisten, ihren Lebensunterhalt mit kriminellen Aktivitäten zu bestreiten, sind in den betrachteten TV-Serien zunächst durch individuelle extrinsische Faktoren (Verhalten der Eltern in *Shameless*, Krebserkrankung des Vaters in *Breaking Bad*) oder intrinsische Entscheidungen (Sozialbanditentum in *Hustle*) bedingt, werden jedoch durch die sozial-ökonomischen Auswirkungen der Weltwirtschaftskrise

29 Vgl. Graham Seal: The Robin Hood Principle: Folklore, History, and the Social Bandit. In: *Journal of Folklore Research* 46,1 (2009), S. 67–89, hier S. 69.

30 Eric J. Hobsbawm: *Die Banditen.* Frankfurt am Main: Suhrkamp 1972, S. 11.

verstärkt. In allen drei Serien wird deutlich, dass die Verschiebung der moralischen Achse im Zuge der Finanzkrise Konsequenzen für alle Gesellschaftsschichten erkennen lässt. Allerdings hat der vorliegende Essay auch gezeigt, dass der Zweck des kriminellen Broterwerbs in vielen Fällen vertretbar erscheint, wenn die Sicherheit der Familie im Fokus der handelnden Brotverdiener steht. Während *Hustle* und *Shameless* hierbei von einem erweiterten Familienbegriff ausgehen und Bekannte, Freunde und Kollegen integrieren, beschränkt sich die Definition von Familie in *Breaking Bad* auf den weitaus überschaubaren Kreis der Kleinfamilie. Die Familie rückt allerdings in allen drei Fällen als moralische Konstante im Krisenzeitalter zurück in das Interesse des Individuums.

„Conscience is a Killer"

Die Falschspieler in *The Shield* und *KDD*

Johannes Franzen

1. Anti-Helden: Sympathielenkung und Gesellschaftskritik

Autorinnen und Autoren können die Kontrolle über ihre Figuren verlieren. Shawn Ryan, der Schöpfer der Serie *The Shield*, erinnert sich, wie überrascht er von der Loyalität und Begeisterung war, die die Zuschauerinnen und Zuschauer für den korrupten, gewalttätigen Detective Vic Mackey (gespielt von Michael Chiklis) aufbringen konnten. Selbst die sukzessiven Eskalationen seiner Verbrechen (der Katalog umfasst mehrfachen Mord, Folter, Raub, Drogenhandel), selbst die schmerzhafte und unaufhaltsame Erodierung seiner Werte, die diese Verbrechen rationalisieren sollten (Familie, Freundschaft, Arbeitsethos), konnten das Publikum nicht davon abbringen, seine immer panischer anmutenden Versuche, den Kopf aus der Schlinge zu ziehen, mit einer gewissen Sympathie zu verfolgen. Als zu Beginn der fünften Staffel (Motto der DVD: „Conscience is a Killer") der interne Ermittler Lieutenant Jon Kavanaugh (Forest Whitaker) eingeführt wurde, hätte man davon ausgehen können, dass hier endlich der strafende Rachegott auftritt, der dem zugegebenermaßen charismatischen Antagonisten Mackey das Handwerk legen – und damit den Zuschauern einen identifikatorischen Seitenwechsel aufzwingen würde. Es kam aber anders, wie Ryan verwundert feststellen musste:

> If I said to you: I'm going to have a story about a corrupt cop who murdered another cop and stole a bunch of money. And that there's a pretty virtuous Internal Affairs detective who starts digging into the case and becomes hell-bent on bringing this man to justice. Who would be the hero of the piece? […] But our audience viewed Vic as the hero. They wanted Vic to get away with it. They found every negative thing to say about Whitaker's character they could think of. When we wrote it, I was convinced: ‚Boy, we're really making it tough for the audience. They're not going to be sure who to root for.' I was an idiot. They knew who to root for.[1]

Offenkundig hatten die Macher von *The Shield* die Wirkung ihrer eigenen Sympathielenkungsstrategien unterschätzt. Nachdem Mackey über vier Staffeln der narrative Mittelpunkt und die treibende Kraft der Handlung gewesen war, wollten es die Zuschauerinnen und Zuschauer nicht zulassen, dass er als Held durch den ähnlich überlebensgroßen Kavanaugh ersetzt werden würde. „Even the character's creators", schreibt Brett Martin in seinem Buch *Difficult Men*, „found themselves underestimating the boundaries of fans' love for their monster."[2]

Martins Monographie beschäftigt sich vornehmlich mit dem *Anti-Helden* als bestimmender Figur des dritten ‚Golden Age of Television'. Die titelgebenden ‚schwierigen Männer' sind die Protagonisten der neuen Fernsehserien, die in den letzten zehn Jahren vor allem in den USA entwickelt wurden: allen voran Tony Soprano, das Mafiaoberhaupt aus der Serie *The Sopranos*, gefolgt von Walter White, dem Drogenproduzent aus *Breaking Bad*, dem Serienkiller Dexter Morgan aus *Dexter*, oder dem Zuhälter Al Swearengen aus *Deadwood*, um nur einige zu nennen. Was diese Figuren gemeinsam haben, ist ein Sammelsurium fataler Charakterfehler (Eitelkeit, Brutalität, Habgier, Sadismus, etc.) und ein mehr oder weniger explizites Doppelleben zwischen Legalität und Illegalität – wobei

1 Brett Martin: *Difficult Men. Behind the Scenes of a Creative Revolution.* New York: Penguin 2013, S. 226.

2 Ebd., S. 225.

die Charakterentwicklung meist darauf ausgerichtet ist, das verbrecherische Verhalten dieser Figuren immer mehr eskalieren zu lassen.

Trotz dieser extremen Negativzeichnung stehen die Figuren (als Anti-Helden) im Mittelpunkt der Narrative, anstatt nur die Rolle der bösen Antagonisten einzunehmen. Bestimmte Elemente der Figurencharakterisierung bewirken, dass sie trotz ihres ‚schurkenhaften' Verhaltens mit einer moralisch ambivalenten Sympathie rezipiert werden können. Es handelt sich um einen komplexen Sonderfall narrativer *Sympathielenkung*. Gemeint sind damit Erzähl- und Charakterisierungsstrategien, die dazu geeignet sind, die Bewertung der Figuren durch die Rezipienten zu beeinflussen.[3] Es geht um Angebote positiver und negativer Identifikation: Welche Aspekte des Narrativs sorgen dafür, dass die Zuschauerinnen und Zuschauer auf den Sieg des korrupten Vic Mackey hoffen und sich über den Niedergang des tugendhaften Kavanaugh freuen? Die Frage nach der Sympathielenkung zielt in den Bereich der ethischen Struktur eines Narrativs, die es auf die ein oder andere Art möglich macht, dass das unmoralische Verhalten der Figuren beim Publikum nicht auf Antipathie trifft, sondern aus verschiedenen Gründen rationalisiert, marginalisiert oder gar glorifiziert werden kann. Der Sonderfall der Sympathielenkung bei Ani-Helden betrifft demnach jene Elemente der Charakterisierung, die solche Transformationseffekte hervorrufen, die aus einem Antagonisten einen Anti-Helden werden lassen.

3 Zu narratologischen Fragen der Figurencharakterisierung vgl. Fotis Jannidis: *Figur und Person. Beitrag zu einer historischen Narratologie.* Berlin: de Gruyter 2004, und für den filmwissenschaftlichen Kontext Jens Eder: *Die Figur im Film. Grundlagen der Figurenanalyse.* Marburg: Schüren 2008; zur Sympathielenkung vgl. Manfred Pfister: Zur Theorie der Sympathielenkung im Drama. In: Werner Habicht / Ina Schabert (Hrsg.): *Sympathielenkung in den Dramen Shakespeares. Studien zur publikumsbezogenen Dramaturgie.* München: Fink 1978, S. 20–34, sowie den von Claudia Hillebrandt herausgegebenen Sammelband *Sympathie und Literatur. Zur Relevanz des Sympathiekonzeptes für die Literaturwissenschaft.* Berlin: Schmidt 2014.

Eine vollständige Liste dieser Elemente kann hier nicht gegeben werden. Vorläufig lässt sich feststellen, dass es bei Anti-Helden vor allem zwei Kategorien von Exkulpationsstrategien zu geben scheint. Zum einen kann ein gewisses Charisma einen (auch extrem) unmoralisch handelnden Charakter zum Sympathieträger machen. Es handelt sich dabei um ein schwer zu definierendes Phänomen: *Charisma* lässt sich in diesem Zusammenhang annäherungsweise als Ensemble von bestimmten Eigenschaften einer Figur definieren, die in der Rezeption ein amoralisches Wohlgefallen auszulösen vermögen; zu nennen wären: erotische Anziehungskraft, professionelle Energie, erfolgreiches Machtverhalten. So lässt sich beispielsweise erklären, wie der von Kevin Spacey verkörperte Politiker Frank Underwood in *House of Cards*, dessen machiavellistisches, mörderisches Handeln durch keinerlei moralische Rationalisierungen relativiert wird, zum Helden eines umfangreichen Narrativs werden kann. Wie auch beim Vorbild der Figur, Shakespeares Richard III., trägt zudem ein besonderes Verhältnis zwischen Protagonist und Publikum zur Sympathielenkung bei.[4] Die direkte Kommunikation des Anti-Helden mit den Zuschauerinnen und Zuschauern (*ad spectatores*) und die generelle Privilegierung seiner Perspektive erwirken trotz seines verbrecherischen Verhaltens einen Empathieüberschuss für die Figur.

Dem gegenüber stehen zum anderen die ethischen Exkulpationsmöglichkeiten – Kontextfaktoren also, die das moralische Fehlverhalten der Hauptakteure entschuldigen oder rechtfertigen. Diese Faktoren resultieren fast immer aus Fehlern im gesellschaftlichen System, aus der Unvereinbarkeit verschiedener moralischer Codes; sie treiben die Figuren in persönliche Dilemmata, die Verstöße gegen einen oder mehrere dieser Codes fast unumgänglich machen. Es handelt sich

4 Darüber hinaus gibt es auch *Macbeth*-Allusionen, gerade wegen der Mann-Frau-Konstellation, die in der US-Version deutlich ausgebaut wurde; vgl. dazu den Beitrag von Solange Landau in diesem Band.

metaphorisch gesprochen um ‚mildernde Umstände'. Die Entscheidung des an Krebs erkrankten Walter White, *Crystal Meth* herzustellen und zu verkaufen, beruht zunächst auf der systemischen Tatsache, dass seine Krankenversicherung die teure Behandlung nicht abdeckt und dass er seine Familie über seinen absehbaren Tod hinaus finanziell absichern will. Hier steht der moralische Anspruch, für die eigene Familie zu sorgen (potenziert durch die körperliche Behinderung des Sohnes) dem moralischen Anspruch entgegen, keine Drogen zu verkaufen.

Eine weitere systemimmanente Exkulpationsmöglichkeit betrifft die Figur des ‚unmoralischen Charakters in einer unmoralischen Welt'. Tony Soprano ist in die Welt der Mafia hineingeboren; damit ist er qua Sozialisation ein Teilhaber an einem System, das Gewalt und Verbrechen normalisiert, was seine Handlungen zwar nicht zu legitimieren vermag, die Figur allerdings durch Kontextfaktoren in gewisser Hinsicht entlastet. Das gilt erst recht für die Figur Al Swearengen aus *Deadwood*, der in einer gesetzlosen Grenzregion zwar einerseits illegal handelt, andererseits aber auch dazu in der Lage ist, für ein gewisses Maß an Ordnung und Sicherheit zu sorgen.

Hier bereits angelegt ist jenes grundsätzliche Problem, das die moralische Komplexität der Figuren grundiert: Das Versagen staatlicher Institutionen und ein damit einhergehendes Missverhältnis von Recht und Gerechtigkeit, Legalität und Moral. Dieses Missverhältnis eröffnet die Möglichkeit einer tiefgehenden, weitreichenden Gesellschafts- und Sozialkritik, wie sie den Serien des Quality-TV immer wieder attestiert wurde.[5] Die Sympathie, welche die Rezipienten trotz des Fehlverhaltens für die Figuren empfinden, entsteht durch die Inszenierung von Systemfehlern, durch die sozialen und politischen

5 Zum problematischen Begriff ‚Quality-TV' oder ‚Qualitätsfernsehen' vgl. Sönke Hahn: „Ich schaue kein Fernsehen, nur Qualitätsserien!" Hintergründe eines kontroversen Begriffs und Beispiele qualitativer, serieller Produkte und Tendenzen aus Deutschland. In: *Journal of Serial Narration on Television* 2 (2013), S. 11–26.

Kontextfaktoren, welche die Protagonistinnen und Protagonisten zu dem gemacht haben, was sie sind, bzw. die sie dazu zwingen, außerhalb der Legalität zu agieren. Sympathielenkung und Gesellschaftskritik bedingen sich somit gegenseitig. Das Konzept des Anti-Helden, das für die Entwicklung der wichtigsten Quality-TV-Serien so bedeutsam erscheint, kann als Ausgangspunkt für eine Untersuchung dienen, auf welche Weise und in welchem Umfang die Serien soziale Problemlagen diagnostizieren und kritisch bearbeiten.

Wie kaum ein anderes Genre aus dem Korpus der neuen Fernsehserien eignet sich das Kriminaldrama dazu, das sozialkritische Potential dieser komplexen Sympathielenkung zu entfalten. Wenn man es nämlich bei der Figur des Anti-Helden mit einem Sonderfall der Sympathielenkung zu tun hat, so bezeichnet der korrupte/verbrecherische Ordnungshüter einen Sonderfall des Anti-Helden. Traditionell sind Polizisten als Verteidiger der Legalität, als *Verbrechensbekämpfer*, zu einem Ethos verpflichtet, das sie wesentlich mit dem Status und Prestige von Helden auszeichnet. Zudem stehen sie als Verteidiger an eben jener Grenze von Recht und Illegalität, deren Überschreitung den Anti-Helden der Quality-TV-Serien oftmals gerade charakterisiert. Dadurch erscheint es einerseits als besonderes Skandalon, wenn sie diese Grenze selbst überschreiten; andererseits sind diese Figuren als paradigmatische Grenzgänger für die Verlockungen der Transgression besonders anfällig. Beides eignet sich, um das sozialkritische Potential des Anti-Helden mit extremer Schärfe zu entwickeln. Die Kriminalität des in das Mafiamillieu hineingewachsenen Tony Soprano oder die Verzweiflungstat des Familienvaters Walter White bergen ihre eigenen gesellschaftsdiagnostischen Implikationen, sind aber vergleichsweise weniger irritierend als der gesellschaftlich sanktionierte, mit institutionellen Sondervollmachten zum Schutz der Gesetze ausgestattete Ordnungshüter, der selbst zum Verbrecher wird. Anhand zweier zeitgenössischer Kriminaldramen soll im Folgenden der sozialkritische Aspekt von Polizisten als Anti-Helden illustriert werden: zum einen am Beispiel der bereits erwähnten Serie *The Shield* (2002–2008), zum anderen am Beispiel der deutschen Serie *KDD – Kriminaldauerdienst* (2007–2010).

2. *The Shield*

Shawn Ryans *The Shield* indiziert einen Tiefpunkt in der Niedergangsgeschichte des kulturell vermittelten Polizistenbildes.[6] Wo frühere Film- und Fernsehdarstellung die institutionell privilegierte Position des Polizisten häufig eng an seinen ‚heldenhaften' Charakter banden, zeigen die Repräsentationen der letzten zwanzig Jahre ein Panorama moralischer Dekadenz. Vic Mackey und sein Strike Team verkörpern in gesteigerter Form den Übergang der Ordnungshüter von klassischen Helden zu Anti-Helden. Beigetragen haben zu dieser Entwicklung nicht nur neue Darstellungsmöglichkeiten, die sukzessive Erodierung von Repräsentationstabus und eine generell gesteigerte Nachfrage des Publikums nach ambivalenten Figuren, sondern auch ein realweltlicher Reputationsverlust des staatlichen Polizeiapparats. Insbesondere der *Rampart*-Skandal, der in den späten 1990er Jahren ein weitgefächertes Netz von Korruption innerhalb des Los Angeles Police Departments öffentlich machte, beschädigte auf nationaler Ebene den Ruf der US-amerikanischen Polizei.[7] *The Shield* bezieht sich direkt auf diesen Skandal, ist allerdings nicht seine einzige kulturelle Verarbeitung: Auch die Filme *Training Day* mit Denzel Washington (2001) und *Rampart* mit Woody Harrelson (2011) verarbeiten den Skandal und nutzen die Figur des korrupten Polizisten, um komplexe gesellschaftspolitische Probleme zu verhandeln. So wird der von Vic Mackey verkörperte Typus

6 Vgl. zu *The Shield* vor allem den von Nicolas Ray herausgegeben Sammelband *Interrogating The Shield.* Syracuse: Syracuse UP 2012, zudem das entsprechende Kapitel in Alan Sepinwall: *The Revolution was Televised. The Cops, Crooks, Slingers and Slayers Who Changed TV Drama Forever.* New York: Touchstone 2013, S. 130–153.

7 Vgl. Peter J. Boyer: Bad Cops. In: *The New Yorker*, 21.05.2001. http://www.newyorker.com/magazine/2001/05/21/bad-cops (Zugriff am 22.04.2015).

zu einem diskursiven Aushandlungsort, an dem kulturelle und soziale Kämpfe ausgetragen werden.

Um die Frage zu beantworten, wie es *The Shield* gelingt, die Figuren nicht als Antagonisten, sondern als Anti-Helden zu inszenieren, wird die TV-Produktion zunächst im weiteren Kontext des zeitgenössischen Kriminaldramas verortet. Das Bild des Verbrechensbekämpfers in zeitgenössischen Serien ist geprägt von einer Vielzahl schlechter Charaktereigenschaften. An vorderster Stelle zu nennen ist der Typus des genialen Ermittlers, verkörpert beispielsweise durch den gesichterlesenden Anthropologen Cal Lightman in *Lie to Me*, den ehemaligen *psychic* Patrick Jane in *The Mentalist* oder die beiden Neuauflagen von Sherlock Holmes in *Sherlock* und *Elementary*. Diese Figuren vereint nicht nur ihr perzeptives Genie, überdurchschnittliche kognitive Ressourcen und ein fast mathematisches Verständnis der *conditio humana*, sondern auch ein extremer Mangel an sozialer Intelligenz, übergroße Eitelkeit und eine gewisse Lebensuntüchtigkeit in alltäglichen Dingen. Diese Mischung von Genie und Charakterschwäche gibt den Figuren psychologische Komplexität und ermöglicht es, auf der Handlungsebene Konfliktpotential und Situationskomik zu entwickeln. Der für die zeitgenössischen Serie ubiquitäre Typus (weitere Beispiele sind: *Monk*, *Psych* und zuletzt *Perception*) beruht auf älteren Archetypen, vor allem dem ursprünglichen von Arthur Conan Doyle entworfenen Sherlock Holmes oder Agatha Christies Hercule Poirot.

Auch diese Figuren übertreten oft genug die institutionell festgelegten Grenzen der Legalität, um die gewünschten Ergebnisse herbeizuführen und an den Hürden des Rechts vorbei Gerechtigkeit zu erzeugen. Allerdings entlastet die Figuren die Tatsache, dass sie außerhalb bzw. in der Peripherie staatlicher Institutionen stehen, als externe Berater oder *Privatdetektive*. Das Konzept impliziert bereits ein Misstrauen gegenüber den an legale, politische und bürokratische Einschränkungen gebundenen Ordnungshütern, die entweder zu Erfüllungsgehilfen oder sogar zu Gegnern des genialen Ermittlers degradiert werden. Was diese Serien unter anderem so attraktiv macht, ist ihre Bezugnahme auf den Mythos der ‚Selbstjustiz', der, wird er affirmiert, zwangsläufig eine scharfe Kritik des offiziellen Rechtssystems enthalten muss. Dadurch stehen sie der Figur des Superhelden (*vigilante*) nahe, der ebenfalls ohne staatliche Autorität Verbrechen bekämpft und grundsätzlich eine Lücke/ein Defizit der dafür zuständigen Organisationen ausgleicht.

Dieses narrative und sozialkritische Potential wird in *The Shield* aufgegriffen. Auch Vic Mackey und sein Strike Team rationalisieren ihr ungesetzliches Verhalten mit Fehlern des Rechtssystems, auch hier werden die eigene Stellung, die eigenen Fähigkeiten als exzeptionell wahrgenommen, was eine besondere Berechtigung zur Überschreitung legaler Grenzen legitimieren soll. Programmatisch zeigt sich das in der ersten Folge: Auf der Suche nach einem entführten Mädchen wird ein pädophiler Arzt festgesetzt, dem das Mädchen laut eines Zeugen verkauft worden ist. Die klassischen Verhörmethoden, die von den Detectives Claudette Wyms und Dutch Wagenbach angewendet werden, können ihn allerdings nicht zum Sprechen bringen. Captain David Aceveda schickt daraufhin Vic Mackey in den Vernehmungsraum, der mit einem Telefonbuch den Aufenthaltsort des Mädchens aus dem Verdächtigen rausprügelt. Das Programmatische der Szene wird deutlich inszeniert. Auf die amüsierte Frage des Verdächtigen, ob er nun den ‚bad cop' spielen würde, antwortet Mackey: „Good cop and bad cop left for the day. I'm a different kind of cop."

Das Selbstbewusstsein, ein exzeptioneller Polizist mit Sonderrechten zu sein, kommt hier deutlich zum Ausdruck. Es ist nicht das letzte Mal, dass Mackey foltert, um an ein Geständnis zu kommen. Zudem werden immer wieder Beweismaterialen untergeschoben und nicht autorisierte Überwachungsmethoden verwendet, um Verdächtige zu überführen, von deren

Schuld die Ermittler überzeugt sind. Sympathielenkung funktioniert über das Abwägen von Rechten: auf der einen Seite die abstrakten Bürgerrechte des arroganten, offenkundig schuldigen Verdächtigen, auf der anderen Seite das Leben des unschuldigen Mädchens – es wird den Rezipientinnen und Rezipienten in diesem Fall nicht schwer gemacht, auf einer intuitiven Ebene Partei zu ergreifen. Allerdings ist die Reaktion der Umstehenden ebenfalls programmatisch, insofern sie den selbstzufriedenen Sonderstatus Mackeys moralisch relativieren. Die Detectives Wyms und Wagenbach, die im Verlauf der Serie zu Kontrastfiguren des brutalen, extra-legal agierenden Strike Teams aufgebaut werden, verlassen unter Protest den Raum, in den die Ereignisse der Vernehmung auf einen Fernseher übertragen werden. Auch die Tatsache, dass Aceveda, der Leiter des Distrikts Farmington, den Fernseher ausschaltet, kurz bevor Mackey das erste Mal mit dem Telefonbuch zuschlägt, zeigt die moralische Ambivalenz der Szene. Zumal bereits zu Beginn der Folge der politisch ambitionierte Aceveda als Reformer auftritt, der den korrupten Mackey zur Strecke bringen möchte und dazu eines der Mitglieder des Strike Teams als Spion einsetzt. Die Entscheidung, Mackeys Methoden zu nutzen, um das Mädchen zu retten, sind also ein unmittelbares Eingeständnis legaler Hilflosigkeit; die Episode inszeniert den sozialen Grundkonflikt der Serie: Mackey muss einerseits das Handwerk gelegt werden, andererseits wird er ‚gebraucht', weil seine Methoden auf möglicherweise nicht aushandelbare Systemkonflikte reagieren können.
Der Mythos der Selbstjustiz und die Figur des genialen Ermittlers werden also zitiert, allerdings gleichzeitig relativiert. Die schiere Tatsache, dass es sich bei Mackey nicht um einen außerinstitutionellen Ermittler handelt, sondern um einen Polizisten, ermöglicht *The Shield* eine größere moralische Fallhöhe. Die legalen und bürokratischen Einschränkungen staatlicher Gewalt werden nicht als Hürden dargestellt, die es zu umgehen gilt, sondern als gesellschaftliche Kompromisslösungen

für komplexe Dilemmata. Mackey als Anti-Held kann über die Figur des ‚unmoralischen Helden in einer unmoralischen Welt' nur bis zu einem gewissen Grad entlastet werden. Der gesellschaftskritische Impetus der Sympathielenkung erschöpft sich nicht darin, die rechtsstaatlichen Prinzipien zu verabschieden, die eben auch den Schuldigen schützen.

Dabei ist der Topos des Ermittlers, der sich über systemische Anforderungen hinwegsetzt, nur ein Element der partiellen Exkulpation von Fehlverhalten. Ein weiterer, damit verbundener Aspekt betrifft das Problem der Eindämmung: Mackey und das Strike Team fungieren nämlich auch als *landlords*, als Vermieter des extrem kriminellen Distrikts Farmington. Sie arbeiten mit von ihnen kontrollierten Drogendealern zusammen, schalten deren Konkurrenz aus und lassen sich dafür eine Miete bezahlen. Dahinter steht das Kalkül, Ordnung und Sicherheit im Distrikt zu gewährleisten, indem der Drogenhandel nicht bekämpft, sondern eingedämmt wird. Dies ermöglicht Mackey, den Drogenhändlern sozial verträgliche Regeln aufzuerlegen: Handel nur in bestimmten Zonen, kein Verkauf an Kinder etc. Die Polizei fungiert also mehr oder weniger als Verwalter der Kriminalität.

Auch hier sind die sozialkritischen Implikationen der Sympathielenkung weitreichend: Mackey und das Strike Team treten als Friedensrichter in einer Welt auf, die so gesetzlos zu sein scheint, dass nur die Zusammenarbeit mit den Kriminellen ein Mindestmaß an Sicherheit gewährleisten kann. Es handelt sich um Methoden, die als deutliche Kritik am US-amerikanischen *War on Drugs* gelesen werden können. Die Kriminalisierung von Drogen führt zu extremer Folgekriminalität, die daraus resultierenden Bandenstrukturen sind oft das einzige soziale Netz in den von Armut und Ausgrenzung geprägten Stadtregionen. Vor diesem Hintergrund erscheint die Grenzverletzung des Polizisten, der sich mit Drogenhändlern arrangiert, bis zu einem gewissen Grade gerechtfertigt. Das schurkenhafte Verhalten wird über soziale und politische

Kontextfaktoren zum moralisch ambivalenten Verhalten eines Anti-Helden transformiert.[8]

Allerdings wird auch dieser Aspekt der Sympathielenkung in *The Shield* relativiert: Die Versuche der Eindämmung, des *containments*, führen zur Kontamination. Der Versuch, durch illegales Verhalten mehr illegales Verhalten zu verhindern, resultiert in eskalierenden Vertuschungsaktionen, deren Ausmaß den Bereich des für die Rezipientinnen und Rezipienten Erträglichen häufig überschreitet (schon in der ersten Folge ermordet Mackey den Spion in seinem Team und ist damit von Beginn an ein Polizistenmörder). Die Verbrechensbekämpfer beginnen den Verbrechern, deren Handlungen sie bekämpfen und verwalten wollen, immer mehr zu ähneln. Die Rationalisierungen verkommen immer häufiger zu durchschaubaren Selbstmystifikationen, die eigennütziges Fehlverhalten legitimieren. Das gilt insbesondere für die ständigen Versuche Mackeys und seines Strike Teams, aus den illegalen Methoden Profit zu schlagen. Die illegale Bereicherung, die am Anfang noch halb ironisch als Beiträge in den *retirement fond* bezeichnet wird, quasi als verdienter Zuschuss zu den mageren staatlichen Rentenversprechen, steigert sich am Ende der zweiten Staffel in den Raub eines Geldtransports der armenischen Mafia – eine Aktion, die nicht mehr durch Eindämmung oder Verwaltung von Kriminalität gerechtfertigt werden kann.

Ab diesem Zeitpunkt inszeniert *The Shield* eine schleichende Umkehr der Sympathielenkung, eine langsame Transformation der Anti-Helden zurück zu Antagonisten. Der

8 Ein ähnlich gesellschaftskritisches Experiment wird in der dritten Staffel von *The Wire* inszeniert. Hier wird dem Drogenhandel ein abgeschlossenes und isoliertes Areal (*Hamsterdam*) zugewiesen, wo Drogen verkauft werden dürfen, ohne dass die Händler ein Einschreiten der Polizei fürchten müssen. Auch hier führt die ‚illegale' Legalisierung zu einem allgemeinen Absinken der Kriminalität, wobei die Verwahrlosungserscheinungen in *Hamsterdam* selbst in aller Drastik gezeigt werden. Was diesen Handlungsstrang allerdings von den Eindämmungsstrategien in *The Shield* unterscheidet, ist, dass die Ordnungshüter sich nicht an dem Arrangement mit den Drogendealern bereichern.

Handlungsbogen folgt einer tragischen Dynamik. Beim Versuch, den Kopf aus der Schlinge zu ziehen, ziehen Mackey und sein Strike Team die Schlinge immer enger um ihren Hals. Gleichzeitig werden neue Gegenfiguren aufgebaut bzw. schon vorhandene Figuren stärker in den Mittelpunkt der Handlung gerückt, um als Alternativen zu Mackey dessen Methoden in Zweifel zu ziehen: zunächst der interne Ermittler Jon Kavanaugh, der in der fünften und sechsten Staffel vergeblich versucht, das Strike Team zu überführen und dabei selbst illegale Methoden einsetzt, die ihn schließlich zu Fall bringen; dann in den letzten Folgen Detective Wyms, die als moralisches Gegengewicht die uneingeschränkte Einhaltung der rechtsstaatlichen Prinzipien einfordert. Auch hier verzichtet die Sympathielenkung auf einfache Bewertungsangebote: Die rigide Haltung Wyms', ihre Kompromisslosigkeit und ihr fehlendes Politikverständnis haben ebenfalls destruktive Folgen – beispielsweise dort, wo sie die Drogensucht einer verstorbenen Pflichtverteidigerin gegen den Willen ihrer Vorgesetzten verfolgt und aufdeckt, was dazu führt, dass deren Fälle neu aufgerollt und schuldige Verbrecher aus dem Gefängnis entlassen werden. Trotzdem wird sie angesichts der immer heftiger ausartenden Verbrechen Mackeys in den letzten beiden Staffeln zur positiven Identifikationsfigur.
Die komplexe, effektive Sympathielenkung in *The Shield* erschöpft sich also nicht darin, über die Figur des Anti-Helden auf soziale Probleme aufmerksam zu machen. Zwar scheint das kriminelle Verhalten des Protagonisten zunächst als Reaktion auf eklatante Systemfehler gerechtfertigt; doch bringt es bald neue und immer gravierendere Verbrechen hervor, denen das sozialkritische Motiv zunehmend fehlt. Das tatsächlich Verbrecherische überwuchert die scheinbar legitimen Abweichungen. Für die Zuschauerinnen und Zuschauer ergibt sich daraus ein interessantes Identifikationsproblem, da zu Beginn ein konspiratives Verhältnis zwischen Publikum und Anti-Held aufgebaut wurde, das es nach und nach zu Komplizen Mackeys macht, nur um es dann dazu zu zwingen,

seinen Niedergang vom Anti-Helden zum Antagonisten als Mitläufer nachzuvollziehen. Das gesellschaftsdiagnostische Potential, das die Figur des korrupten Polizisten als Anti-Held impliziert, kann dadurch auch für den Prozess der Rezeption emotional und intellektuell in seiner ganzen Ambivalenz entfaltet werden.

3. *KDD – Kriminaldauerdienst*

Die Serie *KDD* ist ein Versuch des deutschen Fernsehens, in diesem Fall des ZDF, ein Format zu schaffen, das die moralische Komplexität, psychologische Tiefe und gesellschaftskritische Schärfe von US-amerikanischen Kriminaldramen wie *The Shield* (oder *The Wire*) aufweist.[9] Deutliche Anleihen und Parallelen lassen sich feststellen: Statt des kriminalitätsgeplagten Distrikts Farmington in Los Angeles spielt *KDD* im Berliner Stadtteil Kreuzberg, dessen ethnische und soziale Ausgrenzungsprobleme immer wieder verhandelt werden. Übernommen wurde auch die panoptische Struktur des Polizeigebäudes mit zwei Stockwerken, so dass das Geschehen von einem Balkon aus beobachtet werden kann. Dazu gehören auch die Monitore, auf denen die Verhöre in den Vernehmungsräumen verfolgt und belauscht werden können. Zudem wurden Handlungs- und Figurenelemente übernommen und transformiert. Als Beispiel sei nur die geheime Homosexualität der Wachdienstführerin Kristin Bender genannt, die auf die Figur des Polizisten Julien Lowe in *The Shield* verweist.[10] Darüber hinaus gibt es auch einige ästhetische Anleihen: unter anderem der Einsatz einer unruhigen Handkameraführung und die charakteristischen On-Location-Shots, die Authentizität und Unmittelbarkeit inszenieren sollen.[11]

9 Zu *KDD* vgl. Hahn: Qualitätsserien, S. 19; Vincent Fröhlich: Spurensuche. Warum es die deutsche Quality-TV-Serie so schwer hat. In: *Journal of Serial Narration on Television* 2 (2013), S. 35–51.

10 Die Figur des ebenfalls homosexuellen Drogenhändlers Han, der sich als Einzelgänger mit der Drogenmafia Berlins anlegt, zeigt wiederum starke Ähnlichkeit mit der Figur Omar aus *The Wire*.

11 Vgl. Fröhlich: Spurensuche, S. 38.

Allerdings lassen sich gerade in Bezug auf die Sympathielenkung auch offensichtliche Unterschiede feststellen. Wo in *The Shield* die Handlung stark auf die Figur Vic Mackey konzentriert ist, handelt es sich bei *KDD* um eine „Serie ohne Hauptfigur".[12] Die einzelnen Figuren werden alternierend mit ihren persönlichen und professionellen Problemen in den Fokus gerückt (Drogen- und Alkoholsucht, Kindesverlust, Familienprobleme etc.). Es sind vor allem diese persönlichen Konflikte, die dazu führen, dass die Ordnungshüter die Grenze zur Illegalität überschreiten; so in der ersten Staffel, wo Kriminaloberkommissar Jan Haroska an einem Tatort Geld entwendet, um seiner verschuldeten Tochter auszuhelfen; so auch in der dritten Staffel, wo Kristin Bender einen Totschlag ihres Pflegesohns Enes vertuscht. Die heftigsten Transgressionen werden dem deutsch-türkischen Kriminalkommissar Mehmet Kilic zugeschrieben, der – ebenfalls in der dritten Staffel – einer Drogensucht verfällt und einen Mord begeht. Entlastet wird das Fehlverhalten der Identifikationsfiguren vor allem über persönliche Kontextfaktoren. Die Sorge um die eigenen Familie oder individuelle Identitätskonflikte exkulpieren auf der Ebene der Sympathielenkung zumindest partiell die Charaktere. Deren doppelte Belastung durch häusliche Probleme und den brutalen Polizeialltag macht sie zu gebrochenen Figuren, welche den Rezipientinnen und Rezipienten eine klare Parteinahme oder Bewertung schwer machen sollen.

Dadurch kommt es zu einer Entkopplung von Sympathielenkung und Gesellschaftskritik. Rationalisiert werden die Transgressionen der Figuren hier nicht mehr durch Systemfehler, sondern durch die ständige Inszenierung menschlicher Fehlbarkeit. Sozialkritik und die Thematisierung aktueller gesellschaftlicher Probleme werden eher – und durchaus schematisch – in den einzelnen Folgen in episodenhaften Fällen abgehandelt: Die sozialen Folgeerscheinungen von

12 Ebd., S. 39.

Gentrifizierung, die Auswüchse häuslicher Gewalt, die Unterfinanzierung von Altersheimen, die Verwahrlosung urbaner Jugend sind nur einige der Probleme, die in *KDD* aufgegriffen werden. Der Topos des Polizisten als Anti-Held, der die Grenzen zur Legalität überschreitet, um an den Hürden des Rechts vorbei Gerechtigkeit zu schaffen, wird nur vereinzelt aufgegriffen.

So übernimmt *KDD* vom amerikanischen Vorbild als Handlungsstrang den illegalen Versuch von Ordnungshütern, durch ein Arrangement mit bestimmten ausgewählten Drogendealern die großstädtische Kriminalität zu verwalten; allerdings wird dieses Fehlverhalten auf die eindeutigen Antagonisten der Serie übertragen: Hier lassen sich der LKA-Beamte Rainer Sallek und der politisch ambitionierte Polizeivizepräsident Wolfgang Jacobi mit der Berliner Mafia ein, um Ordnung und Sicherheit über Eindämmung und nicht über Bekämpfung herzustellen – eine Verschwörung, die zum Ende der zweiten Staffel von den Beamten des KDD aufgedeckt wird. Während sich in *The Shield* dieser Handlungsstrang als moralisch ambivalenter Versuch darstellt, ein politisch problematisches, sozial im Wesentlichen kaum durchsetzbares Programm (*War on Drugs*) zu unterlaufen, dient die Zusammenarbeit von Kriminellen und Ordnungshütern in *KDD* vor allem dazu, die Antagonisten der Serie noch negativer darzustellen. Die narrative Funktion des Handlungsstrangs erschöpft sich darin, die institutionelle Korruption auf der Chefetage aufzuzeigen und so die amoralische Ambition der Politiker gegen das Ethos der einfachen Beamten auszuspielen.

Eine Ausnahme bleibt ein Handlungsstrang der zweiten Staffel, in dem sich KDD-Dienstgruppenleiter Helmut Enders auf einen illegalen Austausch von Informationen mit dem von Jacobi gelenkten Boxpromoter Armin Ponew einlässt, um einen großangelegten Sportwettbetrug auffliegen zu lassen. Der Versuch, über kleine, scheinbar harmlose Transgressionen einen bedeutenden Schlag gegen die Wettmafia zu erwirken, hat den Selbstmord eines Nachwuchssportlers zur katastrophalen Folge. Allerdings entlastet die Sympathielenkung die Figur Enders eher über persönliche Faktoren. Der Unfalltod seiner Tochter und das Zerbrechen seiner Familie führen dazu, dass er übertriebene professionelle Ambitionen entwickelt, die ihn für die Welt des Verbrechens anfällig machen. Auch hier sind es also weniger die Fehler des Systems, die den getriebenen Ordnungshüter die Grenzen der Legalität überschreiten lassen, als vielmehr eine Charakterschwäche, die sich aus seinen individuellen Umständen erklären lässt.

Vor diesem Hintergrund kann ein abschließendes Fazit gezogen werden: Es handelt sich bei *The Shield* und *KDD* um zwei zeitgenössische Kriminaldramen, die sich, trotz zahlreicher Ähnlichkeiten, im entscheidenden Punkt der Sympathielenkung und damit in ihren Methoden der Gesellschaftskritik maßgeblich unterscheiden. Beide beruhen in ihrer Figurenkonzeption auf Anti-Helden, gebrochenen Charakteren also, die trotz ihres Fehlverhaltens durch bestimmte Kontextfaktoren exkulpiert werden und damit für die Zuschauerinnen und Zuschauer als Identifikationsfiguren interessant bleiben. Während allerdings in *The Shield* diese Kontextfaktoren oft systemisch sind, die Figuren ihr illegales Verhalten also bis zu einem bestimmten Grad durch gesellschaftliche und politische Defizite rationalisieren können, geschieht diese Rationalisierung in *KDD* vor allem auf der Ebene der persönlichen Umstände. Es werden also zwei unterschiedliche dramatische Potentiale der Figur des Polizisten als Anti-Held entfaltet: Im Fall von *The Shield* das Problem des Ordnungshüters als Akteur in einem fehlerhaften, von Kompromisseinrichtungen und moralischen Dilemmata geprägten System; im Fall von *KDD* das Problem des Polizisten als Mensch, dessen anthropologische Fehlbarkeit ihn anfällig für die Versuchungen und Anfechtungen der Extremsituation seines Berufs macht.

„Down in the Hole“

Die Zurückgelassenen in *The Wire*, *Im Angesicht des Verbrechens* und *Misfits*

Stephanie Blum

Der Urvater: *The Wire*

Realistische Gegenwartsdarstellung anhand der US-Stadt Baltimore und ihrer gesellschaftspolitischen Probleme – keine Serie scheint so paradigmatisch den Titel dieses Sammelbandes zu verkörpern wie *The Wire*, die laut vieler KritikerInnen beste Fernsehserie aller Zeiten.[1] Mit dem Schwerpunkt auf der Darstellung von Drogenkriminalität, ihren gesellschaftlichen Zusammenhängen und den Möglichkeiten ihrer effizienten Bekämpfung präsentiert die Serie ein komplexes Panorama der Gesellschaft. Ihr Autor, der ehemalige Polizeireporter David Simon und sein Co-Autor Ed Burns, der als Lehrer und Polizeibeamter in Baltimore arbeitete,[2] scheinen durch eigene Erfahrungen den Realitätsanspruch der Serie zu garantieren. So bietet diese auch aufgrund vielschichtiger Charaktere und zahlreicher Handlungsstränge einen polyphonen

1 Vgl. exemplarisch Lars Jensen: HBO-Serie *The Wire*. „Beste Show in der Geschichte des TV“. In: *Frankfurter Allgemeine Zeitung*, 10.02.2008. http://www.faz.net/aktuell/feuilleton/medien/hbo-serie-the-wire-beste-show-in-der-geschichte-des-tv-1510388.html (Zugriff am 11.09.2014).

2 Vgl. Philipp Schulte: „Shit Look Tight.“ Die Wiedererprobung darstellerischer Konventionen des Naturalismus zum Zwecke der Sozialkritik in der TV-Serie *The Wire*. In: Ders. / Jörn Ahrens / Michael Cuntz / Lars Koch / Marcus Krause (Hrsg.): *The Wire. Analysen zur Kulturdiagnostik populärer Medien*. Wiesbaden: Springer 2014, S. 81–112, hier S. 81–82.

Panoramablick auf Baltimore. Die komplexe Plotstruktur unterläuft bisher als serientypisch geltende Erzählmuster, weshalb ihr oft narrative Komplexität zugesprochen wird, so auch in der Einleitung zur Publikation *The Wire. Analysen zur Kulturdiagnostik populärer Medien*: Der Plot

> folgt weder der klassischen Logik von *series* der Episoden-, noch dem neuen Standard des *flexi-narrative* als Fortsetzungsserie mit hinreichender kurzfristiger Kohärenz, um auch die partiale Rezeption zu erlauben. […] Die so entstehende Dichte mehrerer parallel verlaufender, sich teils kreuzender, sich teils über Dekors und Hintergrundgeschehen gegenseitig zitierender und vorantreibender Handlungsstränge wie die Fülle von Figuren […] ist entsprechend nur schlecht über eine wochenweise erfolgende Rezeption goutierbar.[3]

Hier liegt der häufigste Vorwurf der KritikerInnen und wohl auch der Grund für die zunächst geringen Zuschauerzahlen, denn die Serie bricht mit herkömmlichen Rezeptionsmustern und scheint auf die Rezeption auf DVD (oder per Video-Streaming) hin angelegt zu sein. Aufgrund dieser untypischen Umsetzung seriellen Erzählens und ihres realistischen Anspruchs wird die Serie immer wieder mit literarischen Vorbildern, meist den großen Vertretern des realistischen und naturalistischen Romans, verglichen. Dabei wird jedoch selten bedacht, dass es sich bei Fernsehserien, auch bei DVD-Rezeption, um ein anderes Medium handelt, das sich anderer Inszenierungsformen und -techniken bedient als die Literatur. So scheint der vielbeschworene Vergleich eher dazu zu dienen, die Serie an der Seite der Literatur im Bereich der Hochkultur zu verorten und sich vom Verdikt des Fernsehens als reines Unterhaltungsmedium zu distanzieren – eine Nobilitierung der Serie, zu der auch die Aussagen ihres Autors beitragen.[4]

3 Jörn Ahrens / Michael Cuntz / Lars Koch / Marcus Krause / Philipp Schulte: Einleitung. Die TV-Serie und ihre Kontextualisierung. In: Dies. (Hrsg.): *The Wire*, S. 7–19, hier S. 8.

4 Vgl. Marcus Krause: „An Amorphous Series Detailing Society's Ills". Probleme der Aufklärung im Zeitalter des *premium cable television*. In: Ebd., S. 51–79, hier S. 59–62.

Trotzdem finden sich Gemeinsamkeiten mit naturalistischen Darstellungsformen, besonders denen des Dramas wie beispielsweise die Verwendung von Alltagssprache, Slang und Idiolekt, realistische Zustandsschilderung der gesellschaftlichen Gegenwart, Unaufdringlichkeit der Darstellungsmittel, der Einfluss des Milieus sowie Motive und Themen wie Großstadt, Technologie und Rauschmittelmissbrauch.[5] Dem naturalistischen Darstellungsmodus entspricht auch die Figurenkonstellation, denn diese bildet eine Art Querschnitt durch die Gesellschaft und wird möglichst objektiv betrachtet. Da keine Figur als eindeutig gut oder böse präsentiert wird, fehlt eine Identifikationsfigur, die das Urteil der RezipientInnen über das Geschehen lenken könnte. Ebenso fehlt eine Erzählinstanz, die das Geschehen kommentiert und so eine Einordnung der komplexen Episoden vorzunehmen vermag. Gleichrangig werden mehrere Handlungsstränge nebeneinander gestellt und eine Vielzahl an Personen als Fokalisierungsinstanzen angeboten. Man bekommt keine Innensicht etwa durch Träume, Erzählerstimme oder Rückblenden, sodass sich die Beurteilung einer Person auf deren Aussagen, Handlungen, Mimik und Gestik stützen muss.[6] Der objektive Panoramablick richtet sich nicht nur auf die Haupthandlung, sondern auch auf kurze Szenen, die nichts zu dem eigentlichen Plot, aber doch zur Gesamtatmosphäre beitragen. Am Ende der Staffeln und der ganzen Serie werden zwar einige VerbrecherInnen überführt und verurteilt, die grundlegenden Probleme können jedoch nicht gelöst werden, sodass keine Verbesserung der Situation der Stadt und ihrer BewohnerInnen in Aussicht gestellt wird. Die Serie lässt aufgrund dieses durchaus pessimistisch-zynischen Blicks die ZuschauerInnen mit ihrer Empörung alleine.

5 Vgl. Schulte: „Shit Look Tight."

6 Vgl. Elisabeth K. Paefgen: „There Are No Second Acts in American Lives". The Wire. In: Dies. / Claudia Lillge / Dustin Breitenwischer / Jörn Glasenapp (Hrsg.): *Die neue amerikanische Fernsehserie. Von Twin Peaks bis Mad Men.* Paderborn: Fink 2014, S. 151–177, hier S. 171.

Von der Objektivierung der Gesellschaftsdarstellung löst sich die Serie nur in wenigen Ausnahmen, die den Realismus teilweise unterlaufen. So kommt es zu Anspielungen auf mythische Traditionen, die besonders augenscheinlich am Beispiel der Figur Omar Little hervortreten. Dieser erinnert sowohl an Robin Hood als auch an den fast unverwundbaren Siegfried[7], und sein Tod gleicht einer „Auseinandersetzung zwischen David und Goliath“[8], wenn er beim Zigarettenkauf beinahe zufällig von einem Kind erschossen wird. Auch fallen gewisse Ästhetisierungstendenzen auf, denn die Serie präsentiert „Bildkompositionen […], die an Traditionen der bildenden Kunst ebenso erinnern wie an die Fotografie. Auch das Kino der Nouvelle Vague und des Film noir ist in den *The Wire*-Stil eingeflossen.“[9] Trotzdem bleibt die filmische Ästhetik meist unaufdringlich.[10]
In naturalistischer Kontinuität steht vor allem der Blick auf die Zurückgelassenen der Gesellschaft, der sich im Hauptsujet der Serie bereits andeutet. So zeigt die erste Staffel die Ermittlungen einer schlecht ausgerüsteten Sonderkommission gegen den Drogenboss Avon Barksdale und seine DealerInnen. Diese kontrollieren neben großen Teilen West-Baltimores auch die ‚sogenannten' Projects, eine heruntergekommene Sozialsiedlung. Die Zurückgelassenen sind aber nicht nur die schwarzen Jugendlichen, die das Drogengeschäft mangels Alternativen betreiben, die zahlreichen Abhängigen und die tagtäglich mit Kriminalität konfrontierten BewohnerInnen der Siedlung. Auch die Sonderkommission umfasst ‚zurückgelassene' Existenzen, die aufgrund von Problemen mit der Obrigkeit im Polizeidienst herabgestuft oder herumgereicht wurden. Mit ihrem Bemühen, neue, nachhaltige Wege der Verbrechensbekämpfung zu gehen und mit Überwachungsaktionen

7 Vgl. Paefgen: „There Are No Second Acts in American Lives“, S. 171.

8 Ebd., S. 169.

9 Ebd., S. 166.

10 Vgl. Daniel Eschkötter: *The Wire*. Zürich / Berlin: Diaphanes 2012, S. 16–17.

die gesamte Hierarchie des Drogengeschäftes zu überführen, stößt die Einheit immer wieder auf behördlichen Widerstand. Denn die Politik ist nicht bereit, die aufwendigen Ermittlungen zu finanzieren, da man sich nach 9/11 auf die Terrorismusbekämpfung konzentriert. Somit werden nicht nur die Opfer des Drogengeschäftes, Abhängige, Ermordete und aussagewillige ZeugInnen, sondern auch die ErmittlerInnen vom Staat quasi machtlos zurückgelassen.
Die zweite Staffel erweitert die Handlung um die Probleme der Hafenarbeiter und ihrer Gewerkschaft, denn auch der Hafen der sterbenden Stadt leidet unter fehlenden Investitionen. Neben den von Arbeitslosigkeit bedrohten Arbeitern werden auch die Opfer des internationalen Drogen- und Menschenhandels, der einem „The Greek" genannten Mafiaboss untersteht, thematisiert. Denn die ErmittlerInnen entdecken einen Container mit osteuropäischen Frauenleichen, deren Identität nicht festgestellt werden kann, sodass sie aufgrund anderer behördlicher Prioritäten selbst im Tod von der Gesellschaft vergessen werden. Nachdem mit dem Kartell des „Greek" die Herkunft der Drogen und seine weitreichende Macht gezeigt wurden, richten die dritte und vierte Staffel den Fokus wieder auf den Drogenhandel, seine gesellschaftliche Vernetzung und die Polizeiarbeit. Auch wird die politische Dimension stärker beleuchtet und das Problem der Korruption angesprochen. Das illegale Projekt eines Majors, in einer ‚Hamsterdam' genannten Zone aus leerstehenden Gebäuden kontrollierten Drogenhandel zuzulassen, um ihn von den Straßenecken der Wohnsiedlungen zu vertreiben, führt zu einer Art Ghettoisierung der zuvor schon Zurückgelassenen. Sein Experiment zeigt aber auch, dass es der Politik im Kampf um Wählerstimmen an innovativen Ansätzen und Mut mangelt, die Drogenproblematik anzugehen. Wie weitreichend der Drogenhandel die Gesellschaft beeinflusst, wird am Beispiel des Schulsystems gezeigt. Auch hier fehlen Strategien und Geld, um die Jugendlichen für ein Leben jenseits der Straßenecken zu motivieren und gangbare Auswege aus dem

Dunstkreis des Drogenmilieus aufzuzeigen. Wie schon in den vorherigen Staffeln werden Einzelschicksale zugunsten der Statistik, die Wählerstimmen beeinflusst, vernachlässigt. Die vierte und fünfte Staffel durchziehen die von dem aufstrebenden Drogenboss Marlo Stanfield befohlenen Morde, deren Opfer in leerstehenden Häusern versteckt werden. Als die Mordkommission diese zurückgelassenen Leichen entdeckt, bedeuten sie zunächst eine Verschlechterung der Statistik und sollen daher erst im kommenden Jahr zum Ermittlungsfall werden. Erst als sich herausstellt, dass die Toten als politisches Druckmittel fungieren können, bemüht man sich um Aufklärung. Wie schon bei der Betrachtung des Schulsystems wird deutlich, dass die Zurückgelassenen der Gesellschaft lediglich als Statistik relevant sind.
Das Problem der Zahlen ist in der fünften Staffel auch in anderen Bereichen Baltimores präsent, denn als weiteres Puzzleteil im gesellschaftlichen System kommen die Medien hinzu. JournalistInnen der *Baltimore Sun* kämpfen um Verkaufszahlen, die mit möglichst spektakulärer Berichterstattung erreicht werden können. Durch die journalistischen Bemühungen um Realitätsdarstellung entsteht innerhalb der Serienfiktion eine Metaebene: Zunächst fingiert der Ermittler Jimmy McNulty einen Serienkiller, der Obdachlose ermordet, um von dem aufgrund des öffentlichen Drucks fließenden Geld die Ermittlung gegen den Drogenboss Stanfield weiter zu finanzieren. Schon hier wird die Frage nach der Beschaffenheit der Realität aufgeworfen, da diese manipuliert werden kann. Auf die Serienkiller-Story springt der Journalist Scott Templeton an, der angeblich von dem Killer per Telefon kontaktiert wurde und schon zuvor seine Reportagen mit erfundenen Zitaten und Informationsquellen aufgebessert hatte. Es wird deutlich, dass auch eigentlich dem Realismus verpflichtete Darstellungsformen wie die des Journalismus nicht frei von Fiktion sind. In der sechsten Folge der Staffel, die den bezeichnenden Titel „The Dickensian Aspect“ trägt, schlägt ausgerechnet Templeton eine Reportagereihe über die Obdachlosen

vor und beschreibt sein Anliegen unter Rekurs auf den Autor Charles Dickens:

> Mit dem Verweis auf Dickens wird [...] eine Ästhetik aufgerufen, die als melodramatisch, monokausal, moralisierend und sentimental gekennzeichnet werden kann, [...] eine Ästhetik schließlich, mit der sich eine Form der Serialität verbindet, die mit Spannungsbögen, schicksalhaften Wendungen, Cliffhangern, effektvollen narrativen Schließungen etc. operiert und die Dickens als Pionier der Soap Opera in seinen Romanen, die ja zunächst [...] als wöchentliche bzw. monatliche Fortsetzungsgeschichten veröffentlicht wurden, perfektioniert hat. Der „Dickensian Aspect" bezeichnet somit das Andere, das Negativ von *The Wire*.[11]

So wird auf einer Metaebene die Frage nach der angemessenen Darstellungsweise von Realität im Allgemeinen und der Zurückgelassenen im Besondern aufgeworfen. Das Scheitern des Journalisten, der sich eigentlich nur dem an Verkaufszahlen und Ehrungen orientierten System beugt, zeigt die mangelnde Reflexionsbereitschaft von Autor und Medium: „Die Zeitung interessiert sich nicht für die Bedingungen, denen ihre Konstruktion der Realität unterliegt, sondern ausschließlich für die Realität ihrer Konstruktionen."[12] Ihrem Scheitern ist das Gelingen der Serie gegenübergestellt, die anhand des fingierten Serienkillers die Frage nach Wahrheit und Lüge sowie die Problematik von Realitätswahrnehmung reflektiert und eine andere Herangehensweise als der am Ende sogar preisgekrönte Journalist wählt. Darüber hinaus ist die Szene laut Marcus Krause ein „ironischer Kommentar zu der Vielzahl von Rezensionen, die *The Wire* in die Tradition des gesellschaftskritischen Romans des 19. Jahrhunderts gestellt haben"[13]. Denn der augenscheinlichste Unterschied zu naturalistischen Darstellungsformen ist das soziologische Erklärungsmodell, das in der Serie aufscheint. Im Naturalismus dominieren die von Hippolyte Taine geprägten Schlagworte

11 Krause: „An Amorphous Series Detailing Society's Ills", S. 65–66.

12 Ebd., S. 67.

13 Ebd., S. 66.

‚race, milieu et moment'[14] die Handlungsmöglichkeiten der ProtagonistInnen. Der durch diese Konstanten determinierte Mensch kann seine Stellung in der Gesellschaft kaum verändern, wodurch ein gewisser Fatalismus entsteht. *The Wire* ist hier wesentlich differenzierter, denn nicht immer ist das Schicksal der Personen vorbestimmt, ein fatalistisches Weltbild wird anhand Einzelner und ihrer Handlungen aufgebrochen. Gerade die AußenseiterInnen der gesellschaftlichen Teilsysteme können sich gewisse Freiräume schaffen. Die Gesellschaftsdarstellung der Serie lässt sich daher, folgt man Lars Koch, besser anhand der soziologischen Systemtheorie beschreiben: „Wie in Luhmanns Theorie, so besteht auch in der Serie ein massiver Konflikt zwischen gesellschaftlichen Teilsystemen – Drogenhandel, Justiz, Politik, Schule, Medien – und den sie prozessierenden psychischen Systemen."[15] Innerhalb dieser Struktur entpuppen sich die Individuen als die Zurückgelassenen, da die Systeme der kapitalistischen Ökonomie und ihren Statistiken unterliegen und somit nicht dem Wohl des Einzelnen dienen können – in der Serie anhand der Rolle des Geldes als „zentralem, symbolisch generalisiertem Medium der Konnektivität der Gesamtgesellschaft"[16] vorgeführt. Auf den ersten Blick erscheint es, als könnten nur Personen, die sich den kapitalistischen Spielregeln des Systems anpassen, ihre eigene Karriere verfolgen. Schaut man jedoch auf die ‚GrenzgängerInnen' der Systeme, so findet man Personen, die „die Stabilität der Systemcodes stören"[17]. Zu diesen gehören sowohl Stringer Bell als auch Omar Little, Brother Mouzone, McNulty, Major Colvin, Frank Sobotka

14 Vgl. Hippolyte Taine: *Histoire de la Littérature Anglaise*, Bd. 1. Paris ²1866, S. XXIII–XXXIV.

15 Lars Koch: Populärkultur als Selbstbeschreibungsformel. Wie *The Wire* die Gesellschaft vorstellt. In: Ders. / Ahrens / Cuntz / Krause / Schulte (Hrsg.): *The Wire*, S. 21–49, hier S. 31.

16 Ebd., S. 32.

17 Ebd., S. 34.

oder Lester Freamon – wenn auch mit unterschiedlichen Motivationen:

> Diese Figuren, die aufgrund einer moralischen Handlungsorientierung quer zu den praktischen Alltagsanforderungen der Institutionen stehen, werden von anderen Sehnsüchten angetrieben als die übrigen ‚Player in the Game'.[18]

Auf unterschiedliche Weise verstoßen ihre Handlungen gegen Systemgesetze und je nach Konstellation gelingen oder scheitern sie.

Zwar lässt sich das Etikett der ‚Zurückgelassenen' auf fast alle Bevölkerungsgruppen beziehen, denn überall dienen die gesellschaftlichen Teilsysteme nicht dem Menschen, sondern dem Geld und der Statistik. Meist sind es jedoch gerade diese zurückgelassenen Individuen, denen sich Handlungsspielräume bieten, sobald sie neue Wege außerhalb der Systeme beschreiten oder deren Regeln uminterpretieren. Hierbei beschränkt sich das Systemgefüge mit all seinen Konsequenzen nicht nur auf Baltimore, das an dieser Stelle exemplarisch für die postindustrielle amerikanische Stadt steht und somit vom Allgemeinen auf das Besondere verweist und umgekehrt.[19] Auch wird deutlich, dass das Scheitern der Systeme und ihre Ausschlussmechanismen nicht unbedingt systemimmanent begründet sein müssen, sondern von Menschen gemacht und bestimmt werden, denn häufig führt der Egoismus einzelner Personen zum Aushöhlen der Institutionen und folglich zu Schäden an der Allgemeinheit.[20] Über diese Kritik an der Korrumpierbarkeit des Einzelnen lässt sich ein Bezug zum Titelsong *Way Down in the Hole* der Serie herstellen, der in der Originalfassung von Tom Waits und vier Coverversionen die Folgen der jeweiligen Staffeln einleitet. In dem

18 Ebd.

19 Vgl. Eschkötter: *The Wire*, S. 13–14.

20 Vgl. Michael Cuntz: It's All in the Detail. Uncharted Territory und der Spielraum der Akteure. In: Ders. / Ahrens / Koch / Krause / Schulte (Hrsg.): *The Wire*, S. 147–200, hier S. 156.

Song rät ein Ich seinem Gegenüber, sich mit Gottes Hilfe von den Versuchungen des Bösen fernzuhalten. Somit wird „eine Kampfzone aufgemacht, um die es untergründig in *The Wire* auch geht: Die Versuchung und somit eben die negative Anthropologie der christlich-postlapsalen Welt“[21]. Der Song macht darüber hinaus die Konsequenzen für die Gesellschaft deutlich: Heißt es zu Beginn noch „you gotta keep the devil way down in the hole“, so bezieht sich der Vers am Ende auch auf das Ich: „You gotta help me keep the devil way down in the hole.“ Die Handlung des Einzelnen hat also Einfluss auf das Schicksal der Mitmenschen und mit dem Blick auf den gemeinsamen Widerstand gegen die Versuchung endet der Song. Er kann somit auf paratextueller Ebene als Kommentar zur Serie verstanden werden: Nur wenn die Systeme im Dienste der Gemeinschaft funktionieren und keine Gruppe zurückgelassen wird, kann das gesellschaftliche Zusammenleben gelingen.

Zwischen Fernsehkunst und Klischee: *Im Angesicht des Verbrechens*

Die deutsche Produktion[22] *Im Angesicht des Verbrechens*, 2010 zunächst auf der Berlinale uraufgeführt und dann bei ARTE und später ARD ausgestrahlt, wird in zahlreichen Rezensionen mit amerikanischen Serien, darunter auch *The Wire*, verglichen. Wo genau dabei das ‚tertium comparationis‘ liegt, wird in vielen Fällen nur angedeutet, meist dient der Verweis auf die amerikanischen Vorbilder lediglich zur Bestätigung der postulierten Originalität und Qualität.[23] Dabei weist die von Regisseur Dominik Graf und Drehbuchautor Rolf Basedow

21 Cuntz: It's All in the Detail, S. 156, Anm. 16.

22 Zur den schwierigen Produktionsbedingungen siehe Dominik Graf / Johannes F. Sievert: *Im Angesicht des Verbrechens. Fernseharbeit am Beispiel einer Serie.* Berlin: Alexander 2010.

23 Und dies mit Seitenhieb auf den bestimmt überforderten deutschen Fernsehzuschauer, so exemplarisch: David Denk: Krasse statt Masse. In: *taz*, 27.10.2010. http://www.taz.de/1/archiv/digitaz/artikel/?ressort=ku&dig=2010%2F04%2F27%2Fa0010&cHash=ea825f90a2 (Zugriff am 11.09.2014).

in zehn Folgen realisierte Krimi- respektive Mafiaserie durchaus Gemeinsamkeiten mit *The Wire* auf: Inhaltliche Parallelen bestehen in dem Versuch, die Ermittlungen der Berliner Polizei gegen das organisierte Verbrechen in Form der ‚Russenmafia' darzustellen. Es kommt zu Observationen und Rückschlägen, da sich die mafiösen Kontakte bis in die Politik erstrecken und korrupte PolizistInnen dem Gegner zuspielen. Parallel dazu sehen sich die etablierten Mafiaklans mit neuen Gegenspielern konfrontiert, die nicht ihren Regeln folgen wollen und anderen Moralvorstellungen verpflichtet sind. Auch der Versuch, das Berliner Milieu möglichst authentisch wiederzugeben, erinnert an das amerikanische Vorbild: Besonders die sprachliche Vielfalt von Berliner Dialekt über Deutsch mit russischem Akzent, Ukrainisch, Russisch und sogar Jiddisch (alle Sprachen mittels Untertitel übersetzt) führt zur realistischen Zeichnung der Gesellschaftsgruppen.
Hierbei nimmt die Serie jedoch nicht den neutral wirkenden, panoramaartigen Blick von *The Wire* ein: Mit dem Protagonisten Marek Gorsky, der zu Beginn der Serie als Erzählerstimme aus dem Off in die Handlung einführt, wird eine Identifikationsfigur geboten. Als Polizist steht er zwischen den Welten, denn er stammt aus einer jüdischen Familie aus dem Baltikum und seine Schwester Stella ist mit einem Mafiaboss verheiratet. Zwar gibt es zwei korrupte PolizistInnen und unter den Mafiaklans, die viel Wert auf Familie und Ehre legen, auch Abstufungen – während Stellas Mann nur mit illegalen Zigaretten handelt, sind es bei seinem Konkurrenten Andrej Drogen und Zwangsprostituierte –, doch bleibt die Grundstruktur des Kampfes ‚Gesetz gegen Kriminelle' erhalten. Zu dieser Schemenhaftigkeit trägt bei, dass trotz einiger Hauptfiguren nur wenige Handlungsstränge existieren, die alle miteinander verknüpft sind und somit der Fokus auf einen kleinen Ausschnitt der Gesellschaft gelegt wird. Auch erstreckt sich die erzählte Zeit über einen überschaubaren Rahmen, sodass komplexe Figurenentwicklungen nicht möglich sind. Die Serie spielt zwar in Berlin, zeigt Bilder der Stadt und spricht typische

Probleme nach der Wiedervereinigung an, aber ein komplexes, differenziertes Bild der Berliner Gesellschaft bleibt aus, was einige RezensentInnen polemisch anmerken.[24] Die Beschränkung der Darstellung auf ein bestimmtes Verbrechermilieu führt dazu, dass die Zustände nicht exemplarisch für die Problematiken deutscher Großstädte gelten können, da sich die spezifische Situation Berlins nahe der deutschen Ostgrenze und im gesellschaftlichen Umbruch nach der Wende als von Bedeutung für die Problemkonstellation erweist. So reicht die Serie kaum über eine Milieustudie hinaus und berührt keine Konflikte zwischen postmodernem Individuum und korrumpierbaren Systemen – ein Anspruch, der hier gar nicht vorhanden ist, da vielmehr die persönliche Geschichte der Hauptfigur im Fokus steht. Zwar nähert sich die Serie realistischen Verfahren an, diese werden jedoch offensichtlich vom Anspruch des Autorenfilms unterlaufen: So hat

> Graf mit simplen Authentizitätsvorstellungen wenig im Sinn. Er liebt die Stilisierung, die Übertreibung, das Pathos und den Kitsch, die Erfüllung von Klischees und ihre Durchbrechung gleichermaßen. Im Grunde geht es um archetypische Gangster-Mythen, um Abhängigkeiten, machistische Männerrituale und Macht, um Hass, aber auch romantische Liebe und Gefühle, die so groß sind, dass sie sich nur in Superlativen äußern können.[25]

Hier liegt der größte Unterschied zu *The Wire*, denn über zahlreiche Traumsequenzen, ständige Rückblenden und die zur Dramatisierung mit extradiegetischer Musik unterlegten

24 So beispielsweise Barbara Schweizerhof: Was von Berlin nicht zu sehen ist. In: *Der Freitag*, 26.04.2010. https://www.freitag.de/autoren/der-freitag/was-von-berlin-nicht-zu-sehen-ist (Zugriff am 11.09.2014): „Aus der hochgelobten HBO-Serie *The Wire* etwa weiß man hinterher mehr über die Stadt Baltimore, als man je wissen wollte: über die Hafenarbeiter, das Schulsystem und die Bürgermeisterwahlen. Was weiß man über Berlin nach zehn Teilen *Im Angesicht des Verbrechens*? Dass für die Lokale der Russenmafia die Antiraauchergesetze offenbar nicht gelten."

25 Esther Buss: Die *Sopranos* von Berlin. Dominik Graf erzählt im deutschen Fernsehen ein Mafia-Epos aus der Hauptstadt – und macht alles richtig. In: *Jungle World*, 15.04.2010. http://jungle-world.com/artikel/2010/15/40751.html (Zugriff am 11.09.2014).

Szenen erhält die Serie eine ganz eigene Atmosphäre, die, wie die Schrift des Vorspanns suggeriert, an Krimi-Serien der 1970er Jahre erinnert. Nicht umsonst erkennen einige KritikerInnen hier die „Rückkehr von Genre-Stoffen“[26], die mit den realistischen Elementen eine neuartige Mischung eingehen.

Die klischeehafte Stilisierung wirkt sich auch auf die Darstellung der Zurückgelassenen aus: So wird das Schicksal von zwei Zwangsprostituierten verfolgt, die gemeinsam aus einem ukrainischen Dorf nach Berlin kommen. Swetlana, die sich zuerst mit ihrer Situation arrangiert und auf das Glück in Gestalt eines reichen Mannes hofft, wird desillusioniert und an einen brutalen Zuhälter in Weißrussland verkauft. Nach ihrer Rettung kehrt sie in ihr Dorf zurück und ist nun mit dem einfachen Leben zufrieden. Jelena, die von Anfang an ein Leben als Prostituierte ablehnt, wird vom Mafiaboss ‚Onkel Sascha‘ aus der Gewalt des Zuhälters befreit und findet in Marek ihren Traummann. Beide Frauen werden als hilflose Opfer dargestellt, die auf Rettung durch Männer angewiesen sind, um letztendlich ihren Platz in der Gesellschaft zu finden. Ebenfalls als Zurückgelassene kann man die Parallelgesellschaft der Mafia sehen. Sie besteht aus Einwanderern aus den ehemaligen sowjetischen Staaten, die zur Zeit des ‚Eisernen Vorhangs‘ von der westlichen Welt abgeschnitten waren und nun ihren Anteil an der Konsumwelt zu fordern scheinen, wie Regisseur Graf im Interview andeutet: „Der Pfropfen war lange auf dieser Flasche und ist mit der Wende gelöst worden. Da bricht sich ein fast kriminelles Nachholbedürfnis an Größe und persönlichem Luxus Bahn.“[27] Folgt man Grafs These vom Kompensationsbedarf der Einwanderer, die vor der Wende von der Konsumwelt der westlichen Gesellschaft ausgeschlossen waren, so entscheiden sich diese

26 Ebd.

27 Katja Nicodemus / Christof Siemes: „Bei den Russen ist da dieser Stolz“. Interview mit Dominik Graf. In: *Die Zeit*, 28.04.2010. http://www.zeit.de/2010/16/Dominik-Graf (Zugriff am 11.09.2014).

bisher Zurückgelassenen bewusst für das kriminelle Milieu, denn dass es auch anders geht, zeigt der Protagonist Marek. Die Einwanderer werden größtenteils stereotyp als nicht integriert dargestellt, da sie sich nur als ‚Gast' in dem Land sehen, dessen Strukturen sie unterwandern. So läuft die schematische Darstellung dieser Zurückgelassenen ebenfalls einer möglichst realistischen Milieudarstellung entgegen.

Die Zurückgelassenen 2.0: *Misfits*

Eine andere Präsentationsform und Darstellungsweise der Zurückgelassenen bietet die britische Serie *Misfits*, die von 2009 bis 2013 in fünf Staffeln ausgestrahlt wurde. Sie besteht sowohl aus tragischen als auch aus komischen Elementen und nähert sich dem Fantasy-Genre an, da die Figuren über übernatürliche Fähigkeiten verfügen. Ausgangspunkt dieser Fähigkeiten ist ein Sturm, im Zuge dessen fünf Jugendliche beim Ableisten ihrer Sozialstunden von einem Blitz getroffen werden. Interessant wird die Serie dadurch, dass anhand der fünf ProtagonistInnen keine typischen SuperheldInnen präsentiert werden: Zwar bietet der orangefarbene Overall,[28] den sie bei ihrer gemeinnützigen Arbeit tragen müssen, eine Art Superhelden-Outfit, aber die ProtagonistInnen profitieren nicht immer von ihren Fähigkeiten, können sie teilweise nicht gezielt abrufen oder leiden sogar unter ihnen. Auch nutzen sie die Fähigkeiten selten, um anderen zu helfen, sondern beseitigen meist nur das Chaos, das durch die Konfrontation mit anderen, oft auch durch den Sturm mutierten Personen entstanden ist. Zur ironischen Brechung des Superheldenbildes trägt der schwarze Humor der ProtagonistInnen bei, die sich und ihre Fähigkeiten nicht zu ernst nehmen. So ist beispielsweise ihre gemeinsame Kostümierung als SuperheldInnen

28 Dieser weckt natürlich auch Assoziationen zu Gefängniskleidung, doch deren entindividualisierende Wirkung wird von den ProtagonistInnen aufgebrochen, indem sie ihre Overalls auf unterschiedliche Weise tragen und kombinieren, also aneignen und zum Ausdruck ihrer Persönlichkeit nutzen.

auf einer Kostümparty eher ironischer Kommentar als ein Bekenntnis zum Heldentum, denn die Divergenz zwischen ihrer Lebenswirklichkeit und dem Superhelden-Klischee ist eine Tatsache, der sie sich durchaus bewusst sind – so auch Nathans Kommentar zu Simon: „I think it might get more than you getting laid to turn you into a superhero."[29]
Zwar erhebt die Serie keinen Anspruch auf Realismus – nicht nur aufgrund der Fantasy-Elemente –, sondern auch durch das Setting des fiktiven Londoner Stadtteils Wertham, häufig einfach „the estate" genannt, das einem exemplarischen britischen Stadtrand gleicht. Trotzdem zeichnet sie sich durch ihre prägnante Gegenwartsdarstellung aus: Typische Probleme der Jugendlichen wie Freundschaft, Liebe und Orientierungslosigkeit werden gezeigt und reflektiert. Die Charakterzeichnung führt dazu, dass trotz aller Superkräfte realistische Persönlichkeiten entstehen. Zum Eindruck des Authentischen trägt nicht zuletzt der britische Slang als Sprache der Jugend bei – eine Gemeinsamkeit mit den beiden anderen Serien, die Sprache ebenfalls zur Identitätskonstruktion einsetzen.
Misfits bietet jedoch eine dezidiert andere Sichtweise der Zurückgelassenen: Bei den jugendlichen Straftätern handelt es sich zwar um AußenseiterInnen der Gesellschaft, die durch ihre Overalls darüber hinaus auch symbolisch als solche stigmatisiert werden. Das Besondere ist jedoch, dass sich die Jugendlichen mit dieser Rolle identifizieren und sie zur Identitätsbildung nutzbar machen. Nicht zuletzt wird die Gruppe der Hauptpersonen als „the ASBO Five" bezeichnet, wobei die Abkürzung für „anti-social behaviour order" steht. Bedeutend für die positive Neubesetzung dieses Ausdrucks ist Nathans Ansprache in der letzten Folge der ersten Staffel. Er verteidigt ihren Lebensstil gegen die Missionierungsversuche einer jungen christlichen Frau:

29 Nur der Zuschauer und Alisha wissen an dieser Stelle, dass Simons zukünftiges Ich per Zeitreise zurückgekehrt ist und alle Personen mehrfach gerettet hat, sodass er als einziger seine Kräfte wie ein Superheld nutzen wird.

> We're young. We're supposed to drink too much. We're supposed to have bad attitudes and shag each other's brains out. We are designed to party. This is it. […] We had it all. We fucked up bigger and better than any generation that came before us. We were so beautiful.

Der Verstoß gegen gesellschaftliche Normen, das Austesten der eigenen Grenzen und der exzessive Lebensstil werden als Ideal stilisiert – ironisch gebrochen lediglich dadurch, dass die Ansprache aus dem Munde Nathans stammt, des Protagonisten, der am wenigsten ernst zu nehmen ist. Dennoch bietet *Misfits* größtenteils aktive Akteure statt passiver Opfer der Systeme und Milieus, die aus ihrer Situation das Beste zu machen versuchen, an Herausforderungen wachsen und aus dem Status der Zurückgelassenen eine eigene Identität aufbauen können.

Fazit

Anhand der Zurückgelassenen in den drei betrachteten Serien wird deutlich, wie sehr die unterschiedlichen Herangehensweisen zur Darstellung von „Gegenwart in Serie“ den Blick auf die Gesellschaft beeinflussen. *The Wire* präsentiert als großes Vorbild in fast naturalistischer Manier die Stadt Baltimore panoramaartig und zeigt so, wie Menschen innerhalb gesellschaftlicher Systeme, die aufgrund der Korrumpierbarkeit des Einzelnen versagen, interagieren. Ein fatalistisches Weltbild wird aufgrund einzelner Ausnahmen, kleiner Erfolge und meist vom Rande der Gesellschaft stammenden ‚Grenzgängern‘ der Systeme aufgebrochen. Die in Rezensionen häufig mit diesem Vorbild verglichene deutsche Serie *Im Angesicht des Verbrechens* verbindet Realismus suggerierende Techniken mit Elementen des Autorenfilms, sodass gerade bei der Darstellung der Zurückgelassenen genretypische Klischees bedient werden und hier der Vergleich mit *The Wire* unangemessen erscheint. Die britische Serie *Misfits* hingegen nimmt eine ironische Umwertung der Zurückgelassenen zu Helden vor, da diese ihre Stellung nicht als Makel sondern als Teil der eigenen Identität empfinden, sodass ein origineller, anderer Blick auf sie entsteht.

„Sex. Lies. Storyboards“

Die Geschichtenerzähler in *Mad Men*, *The Hour* und *The Newsroom*

Sönke Hahn

„Die Medien sagen, die Medien zeigen, die Medien manipulieren!“, ist ein gängiger, alltäglicher Ausruf, dessen Bedeutung uns auf den ersten Blick kaum als Herausforderung erscheinen mag: Auf der einen Seite lassen sich in diesem Beispiel (negativ) konnotierte Aussagen über die Medien und auf der anderen Seite eine Subjektivierung selbiger zu einer Art autonomen Entität erkennen. Diese sprachlichen Figuren erweisen sich als sicherlich eingängig und je nach Absicht praktikabel. Keinesfalls soll im Nachfolgenden eine grundsätzliche Abkehr von diesen gefordert, lediglich ein Verständnis der hinter ihnen stehenden Implikation angeregt werden.[1] Denn diese metaphorischen Satzkonstrukte entpuppen sich bei genauer Betrachtung und unbedarftem Gebrauch als zwiespältig. Mit „den Medien“ ist geheimhin immer eine irgendwie geartete Vorstellung eines undurchschaubaren Subjekts/einer Organisation verbunden. Ähnlich unkonkret, beinahe ‚verschwörungstheoretisch‘, gestaltet sich bisweilen auch das

1 Besondere Relevanz erhält die gewiss mit diesem Aufsatz nicht erstmalige vorgenommene Aufarbeitung dieser Problematik im Angesicht der Rhetorik jener von zahlreichen Teilnehmern 2014/15 besuchten, fragwürdigen Protestbewegungen. Wiederholt ist dort beispielsweise von einer ‚Lügenpresse‘ die Rede.

Konzept der Kulturindustrie.[2] Das Fernsehen als Teil dieser Industrie trage zur Konstruktion durch ökonomische oder ideologische Interessen unterwanderter Weltduplikate bei. Da diese das Publikum allseitig umstellen, könne es nicht mehr die ‚wahren' Welt erkennen.[3]

Mit dem sogenannten Paradigmenwechsel des Fernsehens in den 1970/80er Jahren sind das derart kritisierte Medium und seine seriellen Produkte wesentlichen Veränderung unterworfen worden. Ein Konglomerat ökonomischer, sozialer, ästhetischer und technologischer Prozesse haben eine Angebots- und Zielgruppenfragmentierung ausgelöst und sind vis-à-vis durch sie begünstigt worden.

Aus dieser Entwicklung resultiert das sogenannte ‚Qualitätsfernsehen' bzw. die ‚Qualitätsserie'.[4] Das im Kriterienkatalog von Robert Thompson definierte Konzept charakterisiert solche modernen Serien als weitestgehend durch eine episodenübergreifende, horizontale Narration, Fremd- und Selbstreferenzialität, einen komplexen, literarischen Schreibstil und die in multiplen Perspektivierungen erfolgende Behandlung kontroverser Themen bestimmt.[5]

Die hier als Beispiel dienenden Serien sind in diesem Sinne eine die Abbildung einer durch sie (bzw. ihre Autoren) beobachteten, vergangenen oder gegenwärtigen Realität. Unabhängig von ihrer konkreten temporalen Situierung leisten sie dabei Beiträge zu aktuellen geschäftlichen Diskursen. Darüber

2 Vgl. Rudolf Stöber: *Kommunikations- und Medienwissenschaft: eine Einführung.* München: Beck 2008, S. 109.

3 Vgl. Max Horkheimer / Theodor W. Adorno: *Dialektik der Aufklärung. Philosophische Fragmente.* Frankfurt am Main: Fischer 2013; Theodor W. Adorno: Prolog zum Fernsehen. In: Ders.: *Eingriffe. Neue kritische Modelle.* Frankfurt am Main: Suhrkamp 1963, S. 69–80.

4 Der möglichen ideologischen Konnotation des Begriffs muss mit kritischer Distanz begegnet werden: Der Terminus steht oftmals im Dienst einer undifferenzierten Aufwertung und vereinfachenden Unterscheidung zwischen gutem und schlechten Fernsehen. Dennoch ist der Terminus zum Synonym progressiver, serieller Narrative geworden.

5 Vgl. Robert J. Thompson: *Television's Second Golden Age. From Hill Street Blues to ER.* Syracuse: Syracuse UP 1997, S. 13–16.

hinaus veranschaulichen die drei Beispiele in ambivalenter Weise die Mechanismen der Werbung (*Mad Men*) und des Journalismus (*The Hour* und *The Newsroom*), indem sie sich in ihren Settings jenen Medienformen bzw. Darstellungsweisen produzierenden Unternehmungen annehmen. Zudem betreiben diese Serien eine selbstreflexive Arbeit hinsichtlich ihrer eigenmedialen Verortung, Geschichte und Bedeutung – also der des (Träger-)Mediums Fernsehen. Die in den drei Serien aufgegriffenen, oftmals anhand von historischen Ereignissen beschriebenen Diskurse, die in diesen Serien beobachteten Medienformen im Kontext des Fernsehens sowie das Fernsehen selbst werden so zu wesentlichen Erzählerinstanzen.

1. Historische Ereignisse und gesellschaftliche Diskurse

The Hour handelt von einem fiktiven britischen Nachrichtenmagazin, welches in den 1950er Jahre in der BBC seine Premiere feiert. Das Magazin trägt wie die Serie selbst den Titel „The Hour“. Ausgangspunkt der Handlung ist das Vorhaben des ambitionierten Journalisten Freddie Lyon und der jungen Produzentin Bel Rawly, ein investigatives Magazin gegen die Eintönigkeit des übrigen Programmes zu kreieren. Zu diesem Zweck bildet sich ein Redaktionsteam, das u. a. durch den überheblichen Moderator Hector Madden ergänzt wird. Die eng ineinander verwobenen beruflichen und privaten Geschehnisse um das Team dieser Sendung werden in einem progressiven Erzählmodus präsentiert. In der ersten Staffel dienen beispielsweise die Machtinteressen der europäischen Kolonialmächte in der Suezkrise und die zeitgleiche Intervention der Sowjetunion während des Aufstands in Ungarn als Hintergrund für die Verwicklungen der Journalisten in eine vom Kalten Krieg gezeichnete Verschwörung. Die Emanzipation aus rassistisch motivierter oder geschlechtsspezifischer Diskriminierung sind in *The Hour* immer wieder behandelte Themen. Beispielsweise muss sich Bel als Produzentin der Sendung gegen männliche Vorurteile durchsetzen.

Mad Men ist eine im New York der 1960er Jahre angesiedelte, in einer fiktiven Werbeagentur situierte Serie. Im Mittelpunkt der horizontal fortgeführten Handlungsstränge steht Don Draper – der Creative Director und spätere Teilhaber der Werbeagentur. Draper ist ein urbaner Erfolgsmensch mit ausgeprägtem Talent zum Verkaufen. Er frönt – trotz seiner am Rande New Yorks lebenden Frau Betty und den zwei, später drei Kindern – einem von Alkohol und Frauen bestimmten Lebensstil. In wechselnden Perspektiven nimmt sich die Serie weiteren Gesellschaftern, Angestellten und deren Familien, Freunden und Liebschaften an. *Mad Men* erlaubt einen Blick in die Welt der Werbetreibenden und deren Kampagnen aus den Bereichen Print- und Fernsehwerbung. Zahlreiche historische Ereignisse brechen analog zur zeitlichen Verortung der Serie in selbige ein – so wird in ihr etwa die Angst vor der drohenden Eskalation der Kubakrise nachempfunden (S02/E13). Wie *The Hour* thematisiert *Mad Men* alltägliche Diskriminierung: Peggy, zunächst Dons Sekretärin, bemüht sich im Verlauf der Serie ihren Fähigkeiten entsprechende Positionen im Unternehmen zu erhalten und nicht auf das vorherrschende Geschlechtermodell der 1960er Jahre reduziert zu werden.

The Newsroom spielt hinter den Kulissen der fiktiven Nachrichtensendung „The News Night with Will McAvoy“. Vordergründig vergegenwärtigt diese Serie die journalistische Arbeit der Redaktion. Anchorman Will McAvoy ist ein idealistischer, wenngleich anfänglich von einer melancholischen Sinnlosigkeit seiner Arbeit überzeugter Journalist. Erst die Zusammenarbeit mit seiner einstigen Liebe, MacKenzie McHale, reaktiviert Wills investigativen Tatendrang. Über McAvoy hinaus werden die beruflichen und privaten Erlebnisse des redaktionellen Ensembles behandelt. Die Serie behandelt reale welt- oder US-politische Ereignisse jüngster Vergangenheit – in der ersten Staffel der Jahre 2010/11 und in der zweiten Staffel der Jahre 2011/12. Beispielsweise werden die Ölpest im Golf von Mexiko, die Reaktorkatastrophe von Fukushima, die US-Präsidentschaftswahlen 2012 oder die

Tagespolitik jener Zeit – mit besonderem Blick auf die Beiträge des US-republikanischen Lagers – eingebunden. Diese Ereignisse werden durch den Newsroom der Serie recherchiert, kritisch kommentiert und präsentiert. Die in diesen Serien thematisierten (historischen) Momente, Entwicklungen und Epochen sind es, die es dem Publikum erlauben, welt- oder gesellschaftspolitisches Geschehen nachzuerleben und selbstbezüglich zu reflektieren.
Um Authentizität bemüht können diese Fiktionen aber keinen umfassenden dokumentarischen Ansprüchen genügen und – wie im Folgenden zu zeigen sein wird – wollen sie es auch nicht: Die in *The Hour* eingebrachten sprachlichen Wendungen fallen aus der eigentlich porträtierten Epoche heraus.[6] Die vielfältigen Emanzipationsbewegungen der 1960er Jahre erhalten in *Mad Men* keinen Raum, vielmehr werde, so Leslie J. Reagan, mit dieser Serie erneut die weiße Mittelschicht irrtümlich zum wesentlichen Akteur US-amerikanischer Geschichtsdiskurse bestimmt.[7]
Eine solche exemplarische Unzulänglichkeit ist zwei denkbaren Ursachen geschuldet: Zu allererst zielen die Serien auf ein Publikum, dessen Gegenwart im Moment der erstmaligen Ausstrahlung des jeweiligen Produktes liegt. Themenkomplexe wie Feminismus, Rassismus und die im folgenden Abschnitt konkretisierten Mechanismen der Medien sind – gleichwohl sie bisweilen in einem historischen Gewand und Kontext inszeniert werden – als Parabeln auf unsere Gegenwart und Zukunft konzipiert. Solange also die Kohärenz der Serienwelt nicht gestört ist, fühlen sich die Autoren der Serie

6 Vgl. Georgia Graham: She's on It: Scriptwriter of *The Hour* Admits some Lines 'Haven't Worked'. In: *The Independent*, 22.08.2011. http://www.independent.co.uk/arts-entertainment/tv/news/shes-on-it-scriptwriter-of-the-hour-admits-some-lines-havent-worked-2341651.html (Zugriff am 09.01.2015).

7 Vgl. Leslie J. Reagan: After the Sex, What? A Feminist Reading of Reproductive History in Mad Men. In: Lauren M.E. Goodlad / Lilya Kaganovsky / Robert A. Rushing (Hrsg.): *Mad Men, Mad World. Sex, Politics, Style & the 1960s*. Durham / London: Duke UP 2013, S. 92–110, hier S. 109.

vor allem einer auf die Reise der Figuren bezogenen Wahrheit gegenüber verpflichtet.[8] In diesem Zusammenhang werden auch die nicht spezifisch an die gezeigte Epoche gebundenen Themen wie persönliches Glück, Beruf und Privatleben eingebracht. Anhand dieser Themen gelingt es den Serien, ihre möglicherweise aus Sicht des Publikums als ‚unbekannt' zu beschreibenden Settings (innerhalb medialer Berufe, hinter den Kulissen der Medien) zu kompensieren.

Ferner resultieren etwaige Unzulänglichkeiten aus der strikten Perspektivierung der Serien. Aus den Blickwinkeln eines bestimmtes Milieus oder einer bestimmten sozialen respektive funktionalen Gruppe beobachten die Serien andere gesellschaftliche Bereiche: So wird zwar in *Mad Men* im Zuge einer (vermeintlich) um Gleichberechtigung bemühte Jobanzeige Dawn als erste schwarze Mitarbeiterin eingestellt. Allerdings lässt man sich nur auf ihre Einstellung ein, um die wahren Hintergründe der Offerte zu verschleiern: Denn diese war eigentlich gegenüber einer konkurrierenden Agentur und deren rassistischen Auftreten als PR-Maßnahme gedacht, weniger als tatsächliches Engagement gegen Rassismus (S05/E02).

Diese einseitige Betrachtung der Umwelt durch die jeweiligen Gruppen steht einer ‚internen' Multiperspektive entgegen, im Rahmen derer die Ensembles als durchaus heterogen zu bezeichnen sind: Freddie und Bel – beide aus einfachen Verhältnissen stammend – können sich in *The Hour* ihrer Verwunderung nicht erwehren, als sie mit der ‚Upper Class' in Form des Landsitzes der Familie von Hectors Frau konfrontiert werden (S01/E03). Die dortigen Gepflogenheiten – etwa das Versteckspielen der anwesenden Damen als abendliche Beschäftigung – scheint ihnen fremd zu sein.

Die so erzeugten Ambivalenzen werden zum bewussten Instrumentarium dieser Serien: Glorifiziert *Mad Men* nun das altmodische Bild einer dem vorstädtischen Haushalt

8 Vgl. Graham: She's on it.

verpflichteten, auf ihr Äußerliches fixierten, ihrem Mann hörigen Frau? Oder kommt nicht gerade in Betty, die doch auf den ersten Blick dieses Stereotyp zu verkörpern scheint, ein Leidensdruck zum Tragen, sich mit den damaligen (und partiell aktuellen) Rollenbildern nicht arrangieren, sie nicht ertragen zu können und überwinden zu wollen?
Allerdings erst mit einer weiteren Betrachtung der in diesen drei Beispielen erfolgenden Thematisierung anderer Medien sowie der eigenen Medialität zeigen sich ihre weiteren, über den Status ‚Qualitätsserie' hinausgehenden Charakteristika.

2. Medienproduktion im Blickpunkt

Die Beispiel-Serien behandeln zwei dem Fernsehen anverwandte Medienformen: *Mad Men* skizziert die ambivalenten Mechanismen der Werbeindustrie. *The Hour* und *The Newsroom* widmen sich dem Journalismus im Kontext des Fernsehens.
In *Mad Men* werden die ambivalenten Arbeitsweisen der Werbeindustrie sowie die des Creative Directors zuweilen in eine Analogie gebracht: Einerseits ist sie/ist Don darum bemüht, stereotype Faustregeln wie ‚Sex sells' hinter sich zu lassen (S02/E01). Anderseits will sie/will Don eben genau das erreichen, was Adorno mit Blick auf die Kulturindustrie als „Verfestigung des Soseins" kritisierte (S01/E01):[9] „Whatever you're doing is ok. You are ok." Die Werbung leistet in diesem Sinne einen Beitrag zur (individuellen oder gesellschaftlichen) Selbsttäuschung.[10] Jedoch gilt die Vorstellung eines im kulturindustriellen Verständnis unausweichlichen und daher zwingend wirksamen, monokausalen Transfers der Botschaften vom Sender auf den Empfänger als überholt:[11] *Mad Men*

9 Adorno: Prolog zum Fernsehen, S. 78.

10 Vgl. Niklas Luhmann: *Die Realität der Massenmedien.* 2., erw. Aufl. Opladen: Westdeutscher Verlag 1996, S. 94.

11 Vgl. Christina Schicha: Kritische Medientheorien. In: Stefan Weber (Hrsg.): *Theorien der Medien. Von der Kulturkritik bis zum Konstruktivismus.* Konstanz: UVK 2003, S. 108–131.

veranschaulicht dies etwa anhand der nicht den gewünschten Wahlerfolg herbeiführenden Kampagne zur Präsidentschaftskandidatur Richard Nixons (S01/E12). Ebenfalls bleibt die zur Eigenpromotion der Agentur gedachte Proklamation, künftig nicht mehr für gesundheitsschädliche Tabakwaren werben zu wollen, nicht von Erfolg gekrönt, entpuppt sich sogar als schädlich für die Kundenakquise von Drapers Agentur (S04/E12).

Wie *Mad Men* stellen auch *The Hour* und *The Newsroom* nicht nur die einzelnen Berufe der Branche, ihre Strukturen und ineinanderwirkenden Prozesse vor, sondern das (idealtypische) Selbstverständnis der jeweiligen Metiers. Sie präsentieren den Journalismus als vierte Gewalt, die für demokratische und gesellschaftliche Prozesse unabdingbar unbequeme Fragen zu stellen hat. Freddie möchte in *The Hour* dabei die konforme Trivialität bisheriger Berichterstattung überwinden (S01/E01), Will moniert in *The Newsroom* die Belanglosigkeit der Unterhaltungsindustrie und ihrer zahlreichen Gossip-Formate (S01/E04).

Beide Serie entlarven aber postwendend das zunächst etablierte, idealistische Bild des Journalismus als nur bedingt realisierbare Vorstellung: McAvoy beabsichtigt die Homophobie des US-Präsidentschaftskandidaten Santorum im Interview mit seinem fiktiven, ehemaligen Assistenten zu entlarven (S01/E06). Dabei reduziert er seinen Interviewpartner, der (für McAvoy unverständlich) trotz der eigenen Homosexualität weite Teile der Agenda des Politikers fortwährend befürwortet, in abwertender Weise ausschließlich auf seine sexuelle Orientierung. „If it doesn't matter to you personally, what kind of person are you?“, fragt Freddie in *The Hour* (S01/E06) und impliziert eine emotionale Bezüglichkeit, die der Vorstellung eines objektiven Journalismus/einer rationalen Auseinandersetzung mit Diskursen erneut zu widersprechen scheint.

Ferner erweist sich in *The Newsroom* die als Instrument gegenseitiger Kontrolle gedachte Beobachtung konkurrierender Medien nicht durchgehend umsetzbar. Zu groß scheint der

auf dem Newsroom lastende Druck, möglichst als erstes oder zumindest zeitnah Neuigkeiten zu präsentieren. Nach dem Mordanschlag auf die US-amerikanische Politikerin Giffords folgt der in der Serie inszenierte Newsroom daher beinahe der sich später als falsch herausstellenden Todesmeldung anderer realer (also tatsächlich über das Ereignis als Nachrichtensendung berichtender) Networks (S01/E04). Dieser Zwang zur Geschwindigkeit ist im Kontext des fiktiven kommerziellen Networks der Nachrichtensendung auch den Quoten geschuldet. Als diese aufgrund der von McAvoy stetig betriebenen Kritik an den US-Republikanern einbrechen, die Lobbyarbeit des Medienkonzerns, zu dem der die Sendung beheimatende Kanal gehört, in diesem Kontext verkompliziert wird, gerät die Redaktion unter Druck (S01/E08). Selbst das Tagesgeschäft gestaltet sich diesbezüglich problematisch: News-Night-Korrespondent Harper wird auf der Wahlkampftour des Präsidentschaftskandidaten fortan geschnitten (S02/E01).
In dieser Kollision ökonomischer und einer demokratischen Öffentlichkeit verpflichteter Positionen werden zwei zentralen Organisationsprinzipien des Fernsehens vorgestellt: das öffentliche-rechtliche und das kommerzielle, private Fernsehen. Unabhängige Informationsangebote könnten aufgrund der Unterrepräsentation öffentlich-rechtlicher Strukturen in den USA nicht gewährleistet werden, kritisiert *The Newsroom* (S01/E03).[12] *The Hour* illustriert hingegen anhand wiederholter Interventionen eines Regierungsgesandten auf die Sendung der BBC denkbare Einflussbemühungen der Politik auf ein vermeintlich unabhängiges, öffentlich-rechtliches

12 Das öffentlich-rechtliche Fernsehen in den USA wird nicht durch Gebühren finanziert, sondern ist weitestgehend auf Spenden angewiesen und daher auch durch Werbemaßnahmen geprägt. Der US-Markt wird wesentlich durch die kommerziell orientierten, privaten Free-TV-Networks, Kabel- und Pay-TV-Sender bestimmt. Vgl. weiterführend Eric Karstens / Jörg Schütte: *Praxishandbuch Fernsehen. Wie TV-Sender arbeiten.* 2., aktual. Aufl. Wiesbaden: VS 2010, S. 110–128.

Fernsehen.[13] Diese gegensätzlichen Aufführungen lassen sich insofern auf den deutschen Fernsehmarkt übertragen, als sie an die Frage nach tatsächlicher politischer und ökonomischer Unabhängigkeit auch des deutschen öffentlich-rechtlichen Fernsehens anschließen.[14]

3. Fernsehen über Fernsehen

In den hier vorgestellten Serien wird jeweils ausschnitthaft, analog zum Epochenbezug des Seriensettings, die Geschichte des Fernsehens im Hintergrund nachgezeichnet. Diese weist Parallelen zu gängigen Einteilungsversuchen auf – etwa der von Lorenz Engell vorgeschlagenen Fernsehgeschichte: Zwischen 1950 und 1970 gelingt dem Medium Engell zufolge, sich flächendeckend im Alltag zu etablieren:[15] Kaum in L.A. angekommen, erwirbt Draper in *Mad Men* ein TV-Set als einen für ihn unverzichtbaren Bestandteil des Wohnraums (S07/E01). Diese umfassende Präsenz des Fernsehens in den 1960er Jahren sowie sein Einfluss auf den familiären Haushalt werden zum Aufhänger der in *Mad Men* (S07/E07) präsentierte Kampagne für eine Fastfood-Kette: Ungestört soll die Familie in den Restaurants des Unternehmens Platz nehmen und endlich wieder jenseits des wesentlich den familiären Alltag bestimmenden TV-Geräts zusammenfinden.

Das Fernsehen erlangt in dieser auch als ‚klassisch' bezeichneten Ära neben dieser alltäglichen Selbstverständlichkeit, in medienphilosophischer Perspektive ein beginnendes Selbstverständnis, sodass es sich verstärkt als Teil der von ihm und

13 Das öffentlich-rechtliche Modell der BBC fungierte als Vorbild für das deutsche Fernsehen. Vgl. weiterführend Konrad Dussel: *Deutsche Rundfunkgeschichte*. 3. überarb. Aufl. Konstanz: UVK 2010, S. 185.

14 Zum Beispiel hier: Eric T. Hansen: Schafft das Staatsfernsehen ab! In: *Die Zeit*, 09.04.2014. http://www.zeit.de/kultur/film/2014-04/oeffentlich-rechtliches-fernsehen-abschaffen (Zugriff am 23.04.2015).

15 Vgl. Lorenz Engell: Historizität als Medien-Struktur. In: *Hamburger Hefte zur Medienkultur: Fernsehgeschichte. Modelle – Theorie – Projekte* 2 (2003), S. 23–35, hier S. 30.

durch ihn beobachteten Welt versteht:[16] „In dem Maße, in dem das Fernsehen zum selbstverständlichen gesellschaftlichen Funktionsgefüge gehört, kommt es in dem Bereich des ‚Außen', den es referiert, selbst vor."[17] Demgemäß ist auch der in *The Hour* (S01/E01) ins Bild baumelnde Galgen, zumindest für Freddie, kein handwerklicher Mangel, sondern ein Indikator der Zeugenschaft der journalistischen Arbeit und des Fernsehens: „It's the mechanics of how we bear witness."

Die in *The Hour* oftmals vom Team vorproduzierten und in der eigentlichen Sendung ‚lediglich' ausgestrahlten Beiträge deuten auf die sich in dieser Phase des Mediums einstellende Koexistenz des Live-Fernsehens und aufgezeichneter Inhalte. Das Fernsehen ist nun zunehmend in der Lage, seine eigenen Produkte bei Bedarf wiederzugeben und in seine Archive zu überführen.[18] Die in *Mad Men* eingebrachte Ermordung Lee Harvey Oswald ereignet sich zunächst live vor laufender Kamera. Dieser Moment wurde kurz darauf (eben nicht nur den Protagonisten und Protagonistinnen der Serie und dem heutigen Publikum) in Form einer Zeitlupe als frühe Form des ‚Instant Replay' erneut gezeigt.

Dennoch markiere erst das Live-Ereignis der Mondlandung, so Engell, den Beginn des modernen Fernsehens. Mit dem Blick vom Mond zurück auf die Erde wird der Selbstreflexion des Mediums vollends Ausdruck verliehen: „Die fernsehgenerierte Welt als Welt schaut sich selbst beim Zuschauen zu."[19]. Die Mondlandung wird in *Mad Men* im Kreis der Familie und Freunde verfolgt (S07/E07). Das Fernsehen fungiert dabei zunächst noch als ‚Fenster zur Welt'.[20] Allerdings ist

16 Vgl. ebd., S. 31.

17 Ebd.

18 Vgl. ebd.

19 Lorenz Engell: Tasten. Wählen. Denken. Genese und Funktion einer philosophischen Apparatur. In: Stefan Münker / Alexander Roesler / Mike Sandbothe (Hrsg.): *Medienphilosophie. Beiträge zur Klärung eines Begriffs*. Frankfurt am Main: Fischer 2003, S. 55–77, hier S. 61.

20 Vgl. Engell: Historizität als Medien-Struktur, S. 31.

dieses historisches Ereignis nicht nur in medientheoretischer und philosophischer Perspektive eine Zäsur, sondern auch innerhalb der Serienwelt: Bert Cooper, Dons langjähriger Chef, verstirbt während der Liveübertragung (S07/E07). Die Episode markiert zugleich auch das Ende der ersten Hälfte der letzten Staffel von *Mad Men.* Im sich ankündigenden Ende der Serie mag der Abgesang der ‚Kreativen Revolution' in der New Yorker Madison Avenue – dem Setting der Serie – mit Beginn der 1970er Jahre zum Vorschein kommen.[21] Die sozialen Umbrüche, das sich verändernde Geschlechterbild, eine neue Generation Kreativer, die zunehmende Computerisierung (S07/E04) lassen dieses Werbezeitalter und Don schon in den vorherigen Staffeln der Serie immer mehr zum Auslaufmodell werden.

In der mit den 1970er Jahren beginnenden Epoche des modernen Fernsehens, die wie oben gezeigt ebenfalls im Zusammenhang mit diesem Wandel zu begreifen ist, löst sich das Medium zusehends von seinem auf das Wohnzimmer beschränkten (familiären) Dispositiv. Der Abruf der seriellen Beispiele ist heute zeitlich und örtlich individuell möglich. *The Newsroom* thematisiert darüber hinaus die interaktive/transmediale Zugänglichkeit des gegenwärtigen Fernsehens – beispielsweise über das Internet – und nimmt daher Bezug auf die konvergierenden Tendenzen der Medien in unserer Zeit. Auch wird das Internet für die fiktive Redaktion interessant, weil sich auf diesem Wege während der Präsidentschaftswahlen in Ägypten 2011 und der damit beginnenden ‚Revolution' ein Kontakt vor Ort ausfindig machen lässt (S01/E05). Die Serie betont gleichfalls jedoch den Fortbestand traditioneller, fest terminierter Strukturen – z.B. der zu einer spezifischen Zeit live übertragenen, vom Publikum erwartenden und somit auch den Tagesrhythmus prägenden Nachrichtensendung.

21 Vgl. Cynthia B. Meyers: Psychedelics and the Advertising Man: The 1960s "Countercultural Creative" on Madison Avenue. In: *Columbia Journal of American Studies* 4,1 (2002), S. 114–127. Vgl. Juliann Sivulka: *Soap, Sex, and Cigarettes. A Cultural History of American Advertising.* Boston: Wadsworth 2011.

Fazit

The Hour, *Mad Men* und *The Newsroom* behandeln kontroverse Themen aus Geschichte und Gegenwart, provozieren mit ihrem Duktus gesellschaftliche Diskurse jenseits ihrer Welten. Die Medienmacher werden in diesen Serien als zwischen Realität und Idealen zu bestimmende, vielfältigen Einflussgrößen ausgesetzte Akteure und Akteurinnen bestimmt. Die durch die Serien ein Gesicht gewinnenden Medienmacher werden dabei keinesfalls ihrer Verantwortung entbunden – bedenkt man beispielsweise die in der zweiten Staffel von *The Newsroom* von einem Protagonisten bewusst platzierte Falschmeldung über einen Giftgasangriffs der USA und mögliche reale Entsprechungen solcher ‚Enten'.

Die hier betrachteten Serien zeigen einerseits, dass sie mit dem Massenfernsehen der 1950er und 1960er Jahre nicht vergleichbar sind, die Stumpfsinnigkeit des Flimmerkastens, seine Funktion als Versammlungsort implizit ablehnen oder – wie im Fall von *Mad Men* – selbst kritisieren.[22] Anderseits kann den Serien eine gewisse Wehmut nicht abgesprochen werden: Aufgrund der Vervielfältigung der Kanäle, der individuellen Abrufbarkeit sowie den insbesondere im Qualitätsfernsehen oftmals nur geringen Quoten vermag das Fernsehen nicht mehr mit einem bestimmten Angebot Familie und Gesellschaft zu erreichen. *The Newsroom* spielt des Weiteren auf den drohenden Verlust einstiger Gatekeeper-Funktionen des Fernsehens und vornehmlich seiner Nachrichten an. Denn nicht zuletzt versteht sich der fiktive Newsroom als Instanz sorgfältig aufbereiteter Information – eine Kompetenz, die aus Sicht der Redakteure das Internet aufgrund mangelnder institutionalisierter Professionalität nicht zu leisten in der Lage ist. Weiterhin verdeutlich die Serie, dass die noch nicht vollends verdrängten Konzepte des klassischen Fernsehens im Zuge des Konvergierens der Medien erneut und besonders zur Disposition stehen. So ist das in *The Hour*, *Mad Men* und

22 Vgl. zur Stumpfsinnigkeit Adorno: Prolog zum Fernsehen, S. 74.

The *Newsroom* ersichtliche Selbstverständnis der Serien (und ihrer Schöpfer) durchaus das Resultat einer medien- und brancheninternen (historischen) Selbstreflexion bzw. einer Vorstellung von der Zukunft ihrer Produkte und Funktionen.
Das mit dem modernen Fernsehen entstehende, auch kritische Selbstverständnis des Mediums ist nicht mit der eingangs beschriebenen, unausweichlichen Produktionsstätte von Weltduplikaten gleichzusetzten. Der Verweis des Fernsehens auf sich selbst und seine Vergangenheit stellt die Vorstellung des einen, omnipräsenten Fensters zur Welt in Frage.[23] ‚Das Fernsehen' kann folglich angesichts der Bezugnahme der Serien auch auf kommende Epochen nicht als pauschal homogen verstanden werden. Ähnliches ließe sich – durch die zunehmende Intermedialität und Interaktivität – von ‚den Medien' im Allgemeinen behaupten. So vermögen diese Serien über ihre Beteiligung an gesellschaftlichen Kontroversen hinaus mit ihrem Einblick in die Facetten des Fernsehens, der Werbung und des Journalismus einen Beitrag zur differenzierten und kritischen Betrachtung medialer Formen anzuregen.

23 Vgl. Lorenz Engell: Die genetische Funktion des Historischen in der Geschichte der Bildmedien. In: Ders. / Joseph Vogl (Hrsg.): *Mediale Historiographien.* Weimar: Universitätsverlag 2001, S. 33–56, hier S. 54–55.

Filmregister